W0357288

Jens Dittmar (Hrsg.)

Der Bernhardiner

Der Verlag dankt dem Kulturbeirat des Fürstentums Liechtenstein für die Unterstützung bei der Herausgabe dieses Werkes.

Der Verlag dankt den Autoren und Verlagen für die freundliche Abdruckgenehmigung.

Edition S

Verlag der Österreichischen Staatsdruckerei

1. Auflage 1990

Einbandgestaltung Atelier Schiefer, Wien,
unter Verwendung eines
Gemäldes von Edgar Leissing

Druck und Bindearbeit: Österreichische Staatsdruckerei
ISBN 3-7046-0167-5

Jens Dittmar (Hrsg.)

Der Bernhardiner Ein wilder Hund

Tomaten, Satiren und Parodien über Thomas Bernhard

EDITION S

Inhalt

Jens Dittmar

Was zum Teufel ist eine Tomate?

Wenige Tage nach Thomas Bernhards Tod am 12. Februar 1989 wurde ein Fernsehinterview mit Marcel Reich-Ranicki ausgestrahlt, das Antonio Fian zu einem „Mikrodrama" mit dem Titel *Die Büchermacher* (26) anregte. Bei diesem „letzten Gericht" stehen der Verleger Siegfried Unseld (Suhrkamp Verlag) und der Literaturkritiker Marcel Reich-Ranicki „vor einem frisch aufgeschütteten Grabhügel" auf dem Grinzinger Friedhof:

Unseld (seufzt)
(Pause)
Unseld: Der Weltverbesserer.
Reich-Ranicki: Ja.
(Pause)
Unseld: Der Untergeher.
Reich-Ranicki: Ja.
(Pause)

Der Verleger und der Literaturkritiker lassen Thomas Bernhards Werk Revue passieren. Mit dem Ergebnis, daß manches bleibt und vieles vergeht. Dabei ist nur eines gewiß:

Unseld: Und wir? Bleiben wir?
Reich-Ranicki: Wir bleiben.
(Sie gehen)
(Pause)
(Nacht)

Eine Satire? Eine Parodie? Eine Travestie? – Und wenn ja, auf wen? Auf Bernhard, Unseld oder Reich-Ranicki? Thomas Bernhard hat schon früh literarische Stellungnahmen provoziert. 1957 schrieb der Salzburger Journalist Hans Kutschera das folgende, in eine Rezension eingebettete Gedicht (39):

> Du sitzest, Thomas, in der Schottergrube Deiner Verzweiflungen.
> In einem Rest faulen Brackwassers
> tummeln sich die Fische Deiner Traurigkeit. –
> Wär' mir das Schweinsgelächter
> Deiner in den Ställen brüllenden Brüder gegeben
> oder eine Sprache, die den Hund Deines Vetters nicht kränkt,
> in einen Teppich aus zungenfeindlichem Schwarz
> stickte ich meine Bekümmernis,
> mein Mitgefühl,
> meine Trauer
> und der Affe flöhe,
> der mich zu lausen droht. –

Nach *Frost* (1963) und erst recht nach dem *Kalkwerk* (1970) machte sich Bernhards Einfluß auf Schriftstellerkollegen deutlich bemerkbar. Bei Gert Jonke, Peter Rosei, Hermann Burger, E. Y. Meyer u. a. wurde gelegentlich ein Ton angeschlagen, der unüberhörbar an Bernhard erinnerte. Dazu trug insbesondere die durch indirekte Rede und Schachtelsätze mehrfach gebrochene Erzählerperspektive bei – seltener die Musikalität der Sprache. Die pessimistische Weltsicht wurde zur Pose, und das humoristische Potential blieb meist auf der Strecke. Dabei hatte Eckhard Henscheid den

„Krypto-Komiker" bereits 1973 durchschaut und triumphiert, „wie der österreichische Schriftsteller Thomas Bernhard seine Bewunderer, seine Kritiker und wahrscheinlich sich selber an der Nase rumführt" *(pardon* 1973, H. 6, S. 21–23).

Karl Hoche eröffnete den Reigen der Bernhard-Rezensionen im Bernhard-Stil. Er führte den Erzähler ein, der mit Bernhard über dessen jüngsten Roman gesprochen haben soll: „... diesmal heiße er wohl *Das Kalkwerk*" (30). Durch diesen Kunstgriff wurde die Erzählerperspektive erneut gebrochen, eine Technik, die nach Karl Hoche auch Ernst Strouhal (65), Gerhard Mensching (48), Michael Stadler (64), Eberhard Falcke (24), Otto Böhmer (15) und Hermann Unterstöger (67) angewendet haben.

Zu den Rezensionen muß man auch eine fiktive von Jürg Laederach (40) rechnen. Der hatte in der *Basler Zeitung* eine Besprechung des jüngsten Bernhard-Werks veröffentlicht: *Das Verlies. Eine Gradierung,* angeblich im Residenz Verlag erschienen, 367 Seiten, 37 Franken 50. Beim Residenz Verlag sollen daraufhin unzählige Rezensionsanforderungen eingegangen sein.

Eine Fälschung also! – Eine Fälschung sollte auch die Erzählung *Einkehr in einem Pinzgauer Dorfgasthof* von Karl Woisetschläger (73) werden, aber der Schwindel flog vorzeitig auf. Daß der ganze Vorgang, bestehend aus der Erzählung, einem Briefwechsel und einem Nachschlag, der in einer Honorarforderung des falschen Bernhard und echten Autors gipfelte, dennoch in der *Zeit* erscheinen konnte, zeugt einmal mehr von Thomas Bernhards Humor. Einfach kompliziert!

Jens Dittmar

Und die Tomate?

Hanns Dieter Hüsch berichtet in seinen *Gedankengängen eines fahrenden Poeten* (31) von seiner Beziehung zu Thomas Bernhard:

> Mein erstes Prosastück von Bernhard war *Gehen,* die wunderbare Geschichte mit dem Rustenschacherschen Laden und den Hosen als tschechoslowakische Ausschußware. Diese Stelle habe ich wohl an die hundertmal gelesen, ohne Übertreibung, und nur durch diese Stelle in *Gehen* sind meine Hagenbuch-Geschichten entstanden. (S. 301)

An anderer Stelle weist Hanns Dieter Hüsch auf die Ähnlichkeit von Bernhards Texten mit der Musik von Steve Reich hin, die auch Hans-Jürgen Syberberg aufgefallen ist (vgl. *Die Tageszeitung,* 1. Oktober 1986). Die literarische Minimal-Music bei Bernhard ergibt sich aus der konjunktivischen Form, dem Ablauf auf drei Ebenen und den rhythmisch wiederkehrenden Referenzen, „sagt Oehler zu Scherrer, so Karrer".

Aus der indirekten Rede ergibt sich auch, daß die kabarettistisch vorgetragenen Hagenbuch-Geschichten und viele Dramolette, die nach 1974 aufkamen, monologischer Natur sind. Aber der Weg zum Dialog war vorgezeichnet.

Am 27. Juli 1974 fand in Salzburg die Uraufführung von Bernhards *Die Macht der Gewohnheit* statt, mit Bernhard Minetti als Caribaldi. „Morgen Augsburg" wurde zum geflügelten Wort. Vor allem, weil die Stadt Augsburg nicht als „muffiges und verabscheuungswürdiges Nest" qualifiziert werden wollte und rechtliche Schritte gegen den Autor erwog. Diese Realsatire um den „skandalösen Bernhard" ging – wie später viele andere – durch die Presse und geriet in die Hände von Wolfgang Sembdner, der aus dem Stoff einen Monolog im Gefängnis machte (60). In diesem Dramolett, das der Autor als „parodistische Hänselei" bezeichnet, wird Bernhard von einem Gefängniswärter in eine Zelle geführt. Dort stellt er sich seinem Zellengenossen vor:

> Bernhard
> Thomas Bernhard
> der sich der dramatischen Literatur
> verschrieben hat
> Man hat mich hier
> eingesperrt wie Sie sehen
> eine Ungeheuerlichkeit
> flegelhaft flegelhaft flegelhaft
> Untersuchungshaft
> müssen Sie wissen
> Ich warte hier auf meinen Prozeß
> den die Stadt Lübeck gegen mich angestrengt hat
> wegen Beleidigung
> müssen Sie wissen

Das parodistische Dramolett wurde in der Folge zu einer der beliebtesten Tomaten. Und es dauerte nicht lange, da kamen abendfüllende Bernhard-Parodien zur Aufführung – oder auch nicht.

Nicht zur Aufführung kam die *Abrechnung mit den Österreich-Verrätern* von Kurt Dieman, die als Gegenstück zu *Heldenplatz* angekündigt worden war (21).

Dafür wurden der *Theatermiesmacher* von Herbert Lederer (43), *Der Aufhörer* von Moritz Dürr (23) und *Bernhard* von Vitus Fux (28) erfolgreich gespielt. Wobei nicht nur Thomas Bernhard, sondern auch Bernhard Minetti als Angriffsziel der z. T. pseudonymen Autoren herhalten mußte. Wer sich hinter Vitus Fux verbirgt, konnte bis heute nicht zweifelsfrei ermittelt werden.

Wo bleibt die Tomate?

Wenig weiß man auch über Samuel Weinberg, der den 1980 in der Bibliothek Zeitgenössischer Literatur (BLZ) in München veröffentlichten Roman *Thomas Bernhard im Traum erschienen* (71) geschrieben hat. Das ist ein bemerkenswertes Buch – nicht nur wegen seiner Form: Es kam als verkleinertes Typoskript mit maschinenschriftlichen Korrekturen des Autors heraus. Dieser wird in einer Verlagsankündigung als Stefan (!) Weinberg vorgestellt, Publizist, der Romane der Medienwelt schreibe und in Raistau geboren sei. Die namentliche Abweichung zusammen mit den Autorenfotos, die eher in die dreißiger und fünfziger Jahre passen, läßt vermuten, daß es sich bei Stefan oder Samuel Weinberg um ein Pseudonym handelt.

Thomas Bernhard im Traum erschienen ist der Versuch des Ich-Erzählers, den Einfluß des Malers Hochsteiner zu bewältigen. Und gleichzeitig ein Versuch seines Erfinders, mit dem Einfluß Bernhards fertig zu werden. Kein literarisches Meisterwerk, aber bemerkenswert, weil der Roman streckenweise über Bernhard hinausgeht und verlorenes Terrain zurückgewinnt. Dabei leugnet Samuel Weinberg keinen Moment sein Vorbild. Es besteht kein Zweifel: Der Maler Hochsteiner *ist* Bernhard.

Der österreichische Eremit, an den die türkische Schriftstellerin Gemma Salem (55) ihren Brief richtet, um ihre schriftstellerische Krise zu überwinden, heißt natürlich auch Bernhard.

Bei vielen Autoren, die Thomas Bernhard thematisieren, tritt das lähmende und manchmal beflügelnde Vorbild mehr oder weniger verkleidet schon im Titel auf – wie in Jürg Amanns Dramolett *Bernhard, Peymann, Beil* (1). Oder in seinem 1980 uraufgeführten Drama *Die Korrektur* (3). Sein Protagonist heißt zwar Kafka, benimmt sich aber wie Roithamer. Weniger deutlich ist das Verhältnis zwischen Jürg Amann und Thomas Bernhard in dem Roman *Verirren oder Das plötzliche Schweigen des Robert Walser* (2):

> Findet aber, fuhr Walser nach einer Pause fort, der Künstler, obwohl man in den Kunstinstituten oder Kunstverhütungsinstituten, wie wir jetzt wissen, sagte Herr Walser, alles versucht hat, ihn zu verhüten und zu verhindern, dennoch seinen Weg nach oben, so wird die Gesellschaft am besten mit ihm fertig, und fertig meine er wörtlich, sagte Herr Walser, indem sie ihn feiert. Läßt er sich aber nicht feiern und damit vernichten und fällt dieser sogenannten Gesellschaft im Gegenteil mit seinen regelmäßig erscheinenden Publikationen weiterhin lästig, wird sie, um ihn zu zerstören und endgültig zum Schweigen zu bringen, nicht darum herum kommen, sich seine Beseitigung etwas kosten zu lassen, ein Kopfgeld sozusagen auf ihn auszusetzen und ihm einen

> Preis zu verleihen. Ist der Künstler allerdings penetrant und lehnt den Preis ab oder gibt ihn zurück, dann bleibt ihr gar nichts anderes übrig, als ihn links liegen zu lassen, ihn zu ignorieren, ihn totzuschweigen. Totschweigen wörtlich. (Zitiert nach: Fischer Taschenbuch 5427, S. 50–51)

Aber was zum Teufel ist eine Tomate?

Was Thomas Bernhard nicht lesen durfte, das durften am 23. Juni 1978 die Leser der *Kleinen Zeitung* lesen. Bei dem Artikel (16) handelt es sich um ein Kapitel aus dem Roman *Zu Lasten der Briefträger* von Alois Brandstetter (Salzburg 1974), das der Selbstzensur des Residenz Verlages zum Opfer gefallen ist, da der gemeinte Dichter in diesen Dingen keinen Spaß verstehe:

> Tag für Tag, sagt Blumauer, bringe ich unserem ortsansässigen Dichter Verständigungen von Preisverleihungen. Und täglich gibt es von unserem ortsansässigen Dichter neue Brüskierungen und Beleidigungen und Verunglimpfungen, so schnell können die Kulturpreisverleiher gar nicht verleihen, oft ist unser ortsansässiger Dichter noch kaum vorgeschlagen, da schlägt er auch schon zurück.

Wenige Jahre später fand derselbe Verlag offenbar, daß der gemeinte Dichter inzwischen Spaß verstehe. Alois Brandstetters Roman *Die Mühle* konnte samt der *Vlöhrersache* (17) unbeanstandet erscheinen. Vlöhrer, „der vermögend war und sich mit seinen pechschwarzen

Büchern unter den Liebhabern der Dunkelheit und Finsternis in der Literatur einen Namen gemacht hatte", war kein anderer als Thomas Bernhard. Mit dem Unterschied, daß der kein Untergeher war und auch nicht aus dem Wasser der Endach gezogen werden mußte, sondern an einer Lungenkrankheit starb (Morbus Boeck).

> Er ist ein total einsamer Mensch, fast wie ein ausgestoßener Mensch. Seine Reaktion, alles, was er schreibt, ist die eines Ausgestoßenen. [...] Ich find das wahnsinnig komisch, in Wirklichkeit muß ich eh nur lachen. (*Zeit-Magazin*, 11. Jänner 1985)

Das Zitat stammt von dem Komponisten Gerhard Lampersberg, einem Jugendfreund von Thomas Bernhard, der sich in dem Roman *Holzfällen* (1984) verunglimpft sah und eine einstweilige Verfügung erwirkt hat. Worauf Bernhard seinem eingangs erwähnten Verleger verboten hat, die im Suhrkamp Verlag erschienenen Bücher für die Dauer des gesetzlichen Urheberrechts, also 70 Jahre nach seinem Tod, in Österreich zu verkaufen.

Gerhard Lampersberg hat später die Klage zurückgezogen. Und behielt dennoch das letzte Wort. 1987 erschien seine Abrechnung mit dem *Holzfällen*-Debakel unter dem Titel *Perturbation* (41), einer viersprachigen Sprachkomposition in acht Sätzen.

Jens Dittmar

Wenn das keine Tomate ist!

Eine Tomate ist also ein satirischer, parodistischer oder auch imitatorischer Text, der sich in Form und/oder Inhalt auf Thomas Bernhard bezieht.

Dieser Band enthält *naturgemäß* außer den genannten Tomaten alle echten Satiren und Parodien von Bartsch, Bieler und Berger – um beim B wie Bernhard zu bleiben. Dazu kommen Auszüge aus Dramen und ganze Dramolette, literarische Anspielungen, Glossen, Leserbriefe und Karikaturen. Ausgespart wurde jedoch die Realsatire. Denn die ist wieder ein Kapitel für sich usf.

Anmerkung: Die Zahlen in Klammern beziehen sich auf die Numerierung der *Gesammelten Tomaten* im Anhang.

FRITZ SCHÖNBORN

Bernharddistel

die graue (Wiesenfrost, Totenblume, Nichterl, Bleichdistel, Trauerling), ausdauernd bis austrocknend. Familie der Tristizeen, Friedhofsblume.

Die graublauen Blüten einzeln, hängend bis herablassend, langgestielt. Die handförmigen, gezinkten Blätter ballen sich bei Kritik leicht zur Faust. Blattstiele ranken.

Die zierliche Pflanze, die immer ein wenig so wirkt, als würde sie sich ihrer Eloquenz schämen, wächst auf Friedhöfen, in alten Urnen, in angereicherten Beziehungslosigkeiten, in Österreich und im Nichts. Sie blüht im Nebel auf und trägt noch im Frost Blüten, die von Dissertationen und Kulturkritikern bestäubt werden. Sie ist selbst in 1 000 Meter Höhe noch anzutreffen, behauptet sich jedoch auch in Niederungen und auf den Brettern, die nicht immer die Welt bedeuten. Ihre Widerstandskraft ist sprichwörtlich, ebenso ihre Blütefreudigkeit. Fritz J. Raddatz schreibt in seinem von ihm selbst als fundamental eingestuften Werk *In der Natur geblättert:* „Die graue Bernharddistel überrascht mich immer wieder. Ihre augenfällige Gebrechlichkeit steht in einem krassen Gegensatz zu ihrem Behauptungswillen. Sie macht das Nichts direkt heimisch."

Als Viehfutter taugt die Pflanze wenig. Sie ist zäh und nachgerade unverdaulich. Der Duft der Blüten soll den Tränenfluß erleichtern, weswegen sie wohl von Klageweibern als Trauerelixier gesammelt wird. In der Homöopathie wird der Saft der grauen Bernharddistel als ein sicheres Mittel gegen ins Kraut schießende Lebensfreude benutzt. Rolf Michaelis schreibt in seinem Aufsatz *Was uns noch im Winter blüht* (in: *Zeitschrift für Pflanzenfreunde* I, 1; mehr nicht erschienen): „Die Bernharddistel vollendet sich im Frost. Ihre amethystblauen Blüten werden zur Chiffre des Winters: der Triumph der Form über das Verwelken." Chemische Untersuchungen haben ergeben, daß Kälte bei der Pflanze einen verschönernden Mumifizierungsprozeß auslöst. Sie kann dann geradezu mit den Eisblumen am Fenster der Innerlichkeit konkurrieren.

Die Suhrkamp-Universalgärtnerei hat sich diesen Umstand zunutze gemacht und verkauft tiefgefrorene graue Bernharddistelblüten an Sammler und anderweilig Verzweifelte. „Was dem einen schöne Trauer, füllte den anderen die Kasse", sagte schon Heinrich Heine.

KARL HOCHE

Thomas Bernhard oder Ein Interview am Abgrund

... wie er damit anfing damals, sei das erste die Anschaffung von Konzeptpapier gewesen, man nennt es auf die ungeheuerlichste Weise Konzeptpapier, obwohl jeder weiß, daß ein Konzept etwas ist, was man im Kopf und nicht auf dem Papier hat, er hat es im Kopf gehabt, soll er gesagt haben, dieses grauenhafte Papier hätte er nur gebraucht, um sich selbst zu beweisen, daß er es im Kopf hatte, das Konzept zu der Studie, die niederzuschreiben ihm, dem bisher das Niederschreiben einer Studie um den entsetzlichsten Preis der Hölle ausgewichen Seienden nun doch als das einzig Erstrebenswerte erschien, jener Studie, die Beschreibung und Inhalt jener gräßlichen Mißbildung war, die man zu seinem, Bernhards, tödlichsten Entsetzen das *Leben,* Bernhard soll *Leben* gesagt haben, nenne, nämlich des Verfalls, jener fürchterlichen Krankheit, die zuerst an den Gehirnrändern beginnt, es sollte eine Studie werden, die selbst bereits von den Rändern her verfaulen sollte, immer war das, was er, Bernhard, schreiben wollte, die Studie dieses Verfalls, der Auflösung und so fort, soll er gesagt haben, habe er gedacht, gewesen, sie war das einzige, was seine Aufmerksamkeit völlig auf sich gezogen hatte, alles, was Bernhard schrieb, war diese Studie, sein Gehirn kreiste mit jener eisigen Gleichgültigkeit, die zugleich die grauenvollste Verzweiflung gewesen sei, um diesen Punkt, in endlosen Spiralwindungen drehe sich sein Gehirn in diese Studie hinein, und mit jeder Drehung drehe er sich gleichzeitig aus ihr wieder heraus, dabei werde es die ganze Zeit an den äußersten Rand des Kopfes gedrückt, als diesen erschütternden Versuch, nicht an der Verzweiflung zu ersticken, könne Bernhard die Studie schreiben, aber nie kam es wirklich dazu, soll er seinen Peinigern gegenüber ausgerufen haben, er nähere sich seinem Ziel, und wenn er es sah, dann machte sich das bisher Geschriebene auf das Unheimlichste selbständig, nicht daß man ihn, Bernhard, zu etwas gezwungen hätte, aber die Umstände waren so, es gab eine Welt, man mußte leben, es gab andere Menschen, die nahmen es hastig auf, es hieß jetzt *Frost* oder *Verstörung,* als ob es irgendwelche Einzelwörter dafür gebe, daß man ohne Unterbrechung verfaulte, sich zersetzte, unterging und so fort, immer hatte man das dann getan, soll er gesagt haben, wenn die Zeit der fürchterlichsten Verkühlungen herankam, die Zeit, während der der allgemeine Verfall der Natur, den es jederzeit gibt, weil er die Natur selbst ist, der Herbst nämlich, wie man ihn immer wieder bezeichnet haben soll, aber der Eindruck dieser Jahreszeit sei ein schrecklicher Irrtum gewesen, man wollte ganz im Gegenteil, daß in solchen Zeiten etwas von Bernhard Geschaffenes da sei, grauenerregende Worte, Worte, die das Fürchterliche noch unerträglicher gemacht hätten, seien dann gebraucht worden, *Herbstsaison* hätte man geflüstert, das Wort *Weihnachtsgeschäft* sich zu formulieren getraut, und alle hätten sich gegen ihn, Bernhard, verschworen, immer hatten sich alle gegen ihn verschworen, man wollte von ihm etwas haben, das war heller Wahnsinn in einer dem unerhörtesten Wahnsinn unter äußerster Mühewaltung und für den gegenwärtigen Zeitpunkt wenn auch mehr und mehr verfallen seienden, so doch noch nicht sich ihm zur Gänze verschrieben habenden Welt, ein noch scheußlicherer Wahnsinn sei jedoch ein Suhrkamp-Waschzettel, wonach eine Geschichte wie Kalk gelöscht wird, wer hat denn da auf das deprimierendste das Wasser gelassen oder vielmehr weggelassen, nun sei Bernhard gerade wieder dem Ziel nahe gewesen, die Studie, das schreckliche Experiment, an dem er nun, wie er sagte, schon ein ganzes Leben lang arbeitete, hätte sich in seinem Kopf so vorgeformt, oder sollte er besser sagen, sein Gehirn habe sich nun so geformt, daß er sie hätte auf das Papier bringen können, auf jenes unheimliche Konzeptpapier, kurz vor diesem alles entscheidenden Augenblick sei wieder einmal ein Schuß gefallen, einen Vorschuß könnte man es nennen, Lorbeeren hätte es für ihn, Bernhard, soll er zu Unseld gesagt haben, auch gegeben, immer falle ein Schuß, und er werde damit verlegt, so soll es auch diesmal gewesen sein, sofort sei die Studie in seinem, Bernhards, Kopf verschwunden, und es sei wieder ein Roman geworden, diesmal heiße er wohl *Das Kalkwerk.*

KURT BARTSCH

Der Daumenlutscher

Nach Thomas Bernhard

MUTTER

Du hast Glück Konrad
daß deine Mutter so gerne plaudert
wie aufgezogen
wie eine Plaudertasche
sagte dein Vater immer
der arme Kerl
Er war dramatischer Schriftsteller
ein großes Talent
Er hatte das Zeug in sich
ein zweiter Shakespeare zu werden
er ist aber nur
mein erster Mann geworden
das war sein Unglück
Ich hätte nicht soviel plaudern sollen
lieber mal Luft holen zwischendurch
dachte ich als es zu spät war für deinen Vater
Sein ganzer Stil war versaut
nach zwei Jahren Ehe
Er schrieb wie ich quatschte
wie aufgezogen
wie eine Quasselstrippe
das färbte natürlich ab
Er schrieb nur noch Monologe
endlose Monologe
was sagst du dazu

Du sollst nicht am Daumen lutschen
Du weißt was passieren kann
wenn man am Daumen lutscht Konrad
Stell dir nur einmal vor
ich würde nicht so gern plaudern
wie aufgezogen
wie eine Plaudertasche
sagte dein Vater immer
Quasselstrippe sagte er nur
wenn er nicht weiterkam
in seiner dramatischen Dichtung
Das war am Anfang
Später schrieb er dann so
wie mir der Schnabel gewachsen war
wie aufgezogen
Das hat auch sein Gutes Konrad
Stell dir vor ich die Mama
ginge fort du bliebest da
und würdest am Daumen lutschen
Was willst du denn mit der Schere Konrad
Laß sofort meine Zunge los
hörst du du sollst sofort meine Zzzzzz

KONRAD
Komisch in meiner Hosentasche
ist sie ganz still Mama
totenstill deine Zunge

HANNS DIETER HÜSCH

Hagenbuch in Venedig

Hagenbuch
Hat jetzt zugegeben
Sagt der Venezianer so der Genueser
Daß nicht er
Sondern sie
Die Marchesa von Friaul
Ihm
Hagenbuch
Einen neuen Aufhänger
An seinen alten Mantel
Angenäht habe
Obwohl er
Hagenbuch
Sagt der Venezianer so der Genueser
Den alten Mantel
Gar nicht mehr aufhängen wollte
Seitdem er
Hagenbuch
In der Karosse
Eben der Marchesa von Friaul
Seinen alten Mantel nichtsahnend aufgehängt
Und beim Hinsetzen
Sich so nichtsahnend hingesetzt
Daß er
Hagenbuch
Den alten Aufhänger
An seinem alten Mantel
Abgerissen

Aber die Marchesa
Habe sich sofort auf alle zehn Finger
Sogenannte Fingerhüte gesteckt
Und gegen seinen
Hagenbuchs Willen
An den alten Mantel
Einen neuen Aufhänger genäht
So daß man ihn
Den Mantel
Von nun an wieder
An jeden x-beliebigen Haken in Venedig
Sagt der Venezianer so der Genueser
Habe hängen können
Denn die Marchesa
Habe mit ihren Fingern
Und ihren Fingerhüten
So schnell gearbeitet
Daß man die Nadel
Kaum habe sehen können
Und der neue Aufhänger an dem alten Mantel
Sei jetzt ein Ewigkeitsaufhänger
Sagt der Venezianer
Der sich gern als Nachfahre
Des Chevalier de Seingalt vorstellt
Und dem er
Hagenbuch
Auf einem Maskenball in die Arme gelaufen
Als er Hagenbuch dort
Zwar als Peer Gynt verkleidet
Aber als Hagenbuch auftrat
Um daselbst seinen alten Mantel
Mit dem noch alten Aufhänger
Auf keinen Fall auszuziehen

Geschweige denn aufzuhängen
Denn der alte Aufhänger
Sei in Wirklichkeit noch viel älter
Als der alte Mantel
Und er
Hagenbuch
Habe immer gewußt
Daß eines Tages
Sagt der Venezianer so der Genueser
Daß eines Tages
Wenn nicht in der Karosse
Der Marchesa von Friaul
Dann sicher in der Kalesche
Der Annamaria von Triest
Er Hagenbuch
Beim ahnungslosen Hinsetzen
Sich auf den Saum seines alten Mantels setzen werde
Und so den
Alten Aufhänger abreiße
Was denn auch tatsächlich so geschehn
Und ohne sein Zutun
Sagt der Venezianer so der Genueser
Tagelang Stadtgespräch in Venedig
Gewesen sei

Und Hagenbuch
Ziehe inzwischen seinen alten Mantel
Mit dem neuen Aufhänger
Nicht mal mehr über
Sondern trage ihn über dem rechten Arm
Obwohl er ihn
Den Mantel
Wie ehedem tatsächlich aufhängen könne

Und zwar wo immer er wolle
An jedem x-beliebigen Haken
Der in Venedig aufzutreiben sei
Hagenbuch
Aber trage ihn über dem rechten Arm
Und verachte den neuen Aufhänger
Über alle Maßen
Wie er denn auch
Auf dem Maskenball im Palazzo
Der Marchesa von Friaul
Einen Vortrag gehalten
Auf deutsch
Vor lauter Italioten
Das sei keine Herabsetzung
Sondern so heiße man die Ureinwohner Italiens
Sagt selbst der Venezianer so der Genueser
Einen Vortrag gehalten
In dem er
Hagenbuch
Erstmalig das An- und Ausziehen
Von Kleidungsstücken
Als Idiotie bezeichnet habe
Sogar als Vollidiotie
Sagt der Venezianer so der Genueser
Und dies schon von Anfang an
Habe Hagenbuch gesagt
Als reine Verirrung
Als Kopflosigkeit
Nichts anders sei es
Wenn der oder die
Täglich sich an-
Und täglich sich auskleiden
Manchmal sogar stündlich

Als reine Kopflosigkeit
Sei das morgendliche Strümpfeanziehen
Zu bezeichnen

Das Hochziehen der Strümpfe bis unters Knie
Oder sogar darüber hinaus
Sei einer wahren Geistesfinsternis
Gleichzusetzen
Glaubten doch viele sich damit
Über den Alltag hinwegretten zu können

Und je höher der oder die
Die Strümpfe zögen
Desto tiefer gerieten sie
In ihre Gedankenverdunkelung hinein
Je höher der Strumpf
Desto auswegloser das Labyrinth
Habe Hagenbuch zu den Italioten
Auf deutsch gesagt
Wohlgemerkt auf deutsch
Sagt der Venezianer so der Genueser

Je höher der Strumpf
Desto tiefer der Wahnsinn
Meine Damen und Herren

Er
Hagenbuch
Könne sich selbst nicht davon freisprechen
Auch noch Tag für Tag
Einen Schuh über den Strumpf
Ziehen zu müssen

Aber je länger er sich einen Schuh
Über den Strumpf ziehen müsse
Desto verrückter werde er

Und wenn er morgens daran denke
Daß er abends den Schuh wieder ausziehe
Und danach auch noch den Strumpf
Und am nächsten Morgen den Strumpf
Wieder anziehe und darüber auch noch den Schuh
Und am Abend wieder den Schuh ausziehe
Und danach den Strumpf
Und am Morgen wieder den Strumpf
Und darüber den Schuh zöge
Könne er sich selbst nur noch
Zum König der Schwachsinnigen ernennen
König der Schwachsinnigen
Habe Hagenbuch wörtlich gesagt
Und zwar auf deutsch
Sagt der Venezianer so der Genueser
Auf deutsch
Zu den maskierten Italioten
Menschen
Habe Hagenbuch gesagt
Menschen zögen manchmal
Mit ihren Schuhriemen ihre Schuhe so fest zu
Bis die Adern zersprängen
Nur um sich über das Dasein hinwegzutäuschen
Aber am Abend wären die Füße tot

Menschen die alle meinen
Sie müßten am Morgen ihre Schuhe
So fest zuknöpfen
Um den Tag besser bestehen zu können

Und das jeden Morgen
Und jeden Abend
Und jeden Morgen den Strumpf bis über den
Kopf ziehen
Und den Schuh als Hut darüber stülpen
Und abends die Maske wieder ausziehen
Ein reiner Gewohnheitswahnsinn

Er selbst knöpfe seine Schuhe schon seit
Jahren nicht mehr zu
Schlimm genug daß er sie überhaupt anzöge
Schlimm genug
Und ein Paar Strümpfe seien für ihn
Eine Tragikomödie
Meine Damen und Herren
Eine Tragikomödie
Zwei Strümpfe
Dazu noch fein säuberlich über eine
Stuhllehne gehängt
Eine Pantomimen-Passion

Hier habe
Hagenbuch
Plötzlich gemerkt
Sagt der Venezianer so der Genueser
Daß die Italioten
Ihn
Hagenbuch
Überhaupt nicht verstanden hätten
Weil er alles auf deutsch gesagt habe
Aber er habe keinen Moment innegehalten
Im Gegenteil
So als habe er festgestellt

Daß er allein rede
Und niemand ihn begreife
Habe nun
Ein wahres Verrücktsein begonnen
Und Hagenbuch
Sagt der Venezianer so der Genueser
Hagenbuch
Habe nun
Vom Hineinspringen in die Hose gesprochen
Welch ein Selbstbetrug am Morgen
Das Hineinspringen in die Hose
Welch eine Lächerlichkeit
Welch eine komische Krankheit
Das Hineinspringen
Wie überhaupt das Springen von Menschen
Das Übereinander-
Das Drauf- und Druntersprinqen
Immer und überall komisch und krank sei
Das Beinkleid
Hier habe Hagenbuch fast gelacht
Sagt der Venezianer so der Genueser
Das Beinkleid
Meine Damen und Herren
Wie man ja gerne sagt
Das Beinkleid
Ebenso der Hosenrock
Das sei der Verkleidungsirrsinn par excellence
Hinein und hinaus
Hinaus und hinein
Welch ein Lustspiel
Welch ein Trauerspiel
Auf die Dauer eine Gemütskrankheit
Das ewige Hoch- und Runterziehen

Welch eine tägliche Katastrophe
Eine irreparable Hirnlosigkeit
Und dann noch den Strumpf übern Kopf
Und auf dem Kopf den Schuh als Hut
Und in der Hand das Beinkleid
Und überm Arm
Den alten Mantel mit dem neuen Aufhänger
Nein!
Habe Hagenbuch gesagt
Sagt der Venezianer so der Genueser
Nein!
Habe Hagenbuch zur Marchesa von Friaul
Die mitten unter den Italioten gestanden
Gesagt
Nein!
Er zöge den alten Mantel nicht mehr an
Er müsse ihn ja doch wieder ausziehen

Er mache auch keine Schublade mehr auf
Er müsse sie ja doch wieder zumachen

Auch das Hochheben eines Löffels
Um ihn dann wieder in die Suppe zu tauchen
Die man sich auch noch selbst eingebrockt habe
Um den Löffel dann wieder hochzuheben
Das sei eine einzige Fallenstellerei
Bis man vollends in der Lebensfalle säße

Er wolle auch nicht noch mal leben
Er müsse ja doch wieder sterben

Und nun
Habe Hagenbuch

Mit seinem Stock
Dem mit dem silbernen Griff
Mit seinem Stock
Den die Marchesa von Friaul
Eigens für ihn bei einer Auktion ersteigert hatte
Mit seinem Stock
Angefangen zu dirigieren
Und die verwirrten Italioten
Hätten langsam
Einer nach dem anderen
Angefangen ohne irgendeine Musik
Sich zu bewegen und zu tanzen
Und Hagenbuch habe
Ohne Pause immerzu weiter dirigiert
Sagt der Venezianer
In dessen Gesicht
Die Ausschweifungen sämtlicher Vorfahren
Immer noch deutlich zu sehen sind
Und heute noch
Sagt der Venezianer so der Genueser
Der sich ihm
So der Genueser
Tatsächlich als Chevalier de Seingalt vorgestellt
Heute noch
Käme man am Palazzo der Marchesa von Friaul vorbei
Tanze dort eine schweigende maskierte Menge
Langsam auf und ab
Ohne auf den Tag
Und auf die Nacht zu achten
Nur Hagenbuch
Stünde nicht mehr an seinem Platz

Und es heißt
So erzählt man jedenfalls in den Nachtcafés von
Venedig
Er
Hagenbuch
Habe auf Empfehlung der Annamaria von Triest
Sogar dem Papst
Diesen Verkleidungsvortrag gehalten
Und dirigiere jetzt von Zeit zu Zeit
Im Petersdom vor geistesverwirrten Jesuiten
Sein vertontes Schweigen
Als Modus vivendi
Da capo al fine

Jens Dittmar

Korrektur

Eines von 12 Buchobjekten
zu einem Roman
von Thomas Bernhard

JOSEPH BERLINGER

Vor dem Auftritt

Personen:
Thomas, Tourneeschauspieler
Bernhard, Tourneeschauspieler

Thomas & Bernhard am Schminktisch

THOMAS
Morgen in Augsburg

BERNHARD
Man erwartet uns
morgen in Augsburg
Man erwartet
eine gute Vorstellung

THOMAS
Von den Komödien
unseres Dichters
gibt es nur gute Vorstellungen
Selbst in Augsburg

BERNHARD
Wenn du ihnen nicht schadest
den Vorstellungen
mit deinen Hängern

THOMAS
Mit meinen Hängern

BERNHARD
Wenn du in der ersten Szene
wieder deinen Hänger hast
morgen in Augsburg

verlasse ich die Bühne
verlasse ich das Theater
wenn du deinen Hänger hast
in der ersten Szene

THOMAS
Meinen Hänger
Keinem Menschen fällt das auf
in Augsburg
so ein Hänger
Keinem Menschen
So ein Hänger
ist kein Unglück
Nicht in Hamburg
nicht in Regensburg
nicht in Salzburg
und nicht in Augsburg
Wie kannst du sagen
daß das ein Unglück ist
so ein Hänger
Ein Hänger ein Unglück
ein Unglück
Ein Hänger

BERNHARD
Ein Unglück
jawohl
ein Unglück
Weil die Komödien
unseres Dichters
musikalisch sind
Weil unser Dichter
musikalisch ist
Weil seine Dichtung
musikalisch ist

Da ist ein Hänger
ein Unglück
wenn eine Dichtung
musikalisch ist
ein Unglück

THOMAS

Wenn die Dichtung
musikalisch ist

BERNHARD

Wenn sie musikalisch ist
jawohl
O welch ein Unglück
so ein Hänger
welch ein Unglück
Er stört den Fluß
den Witz
den Ton
den Klang
und auch den Rhythmus
so ein Hänger
O welch ein Unglück

THOMAS

Und dein Hänger
gestern
Dein Hänger
gestern in Trier

BERNHARD

Mein Hänger
gestern in Trier
Sei nicht gemein
Wo war ein Hänger
von mir
gestern in Trier

THOMAS
Und ob
o ja
In Trier
Ein Hänger von dir
Jawohl
von dir
Jawohl in Trier
Jawohl von dir in Trier

BERNHARD
Ein Hänger von mir
in Trier

THOMAS
Jawohl von dir

BERNHARD
Nicht in Trier
nein
nicht in Trier
nicht von mir
Du lenkst nur ab von deinem eignen Hänger

THOMAS
Morgen in Augsburg

BERNHARD
Dein Hänger
morgen in Augsburg

THOMAS
Gestern in Trier
Dein Hänger
Gestern in Trier

BERNHARD
In Augsburg
Morgen
Dein Hänger

THOMAS
Gestern

BERNHARD
Morgen

THOMAS
In Trier

BERNHARD
In Augsburg

(Sie würgen sich; beide gleichzeitig)

THOMAS/BERNHARD
Dein Hänger

Joe Berger

Die Zunge. Eine Ursache

Mein Gedanke ist heute tatsächlich, daß ich damals einzig und allein in dieses Kaffeehaus, diese Menschenvernichtungsmaschine gekommen bin, um mir meine spätere schwere Zungenkrankheit, meine Lebenskrankheit zu holen. Tatsächlich in dieses Kaffeehaus, diese lächerliche und erbärmliche Menschenvernichtungsmaschine, dessen Eingangstüre beim Betreten nach innen und beim Verlassen des gewölbeartigen Raums, der nichts als eine pausenlos und intensiv und rücksichtslos arbeitende tödliche Haube war, nach außen zu öffnen war, gekommen bin, um mir meine existenzverstörende und existenzzerstörende Lebenskrankheit, an der ich noch heute im Zungenbezirk und im Bereich der vorderen Mundhöhle leide, zu holen. Beim Betreten dieses sogenannten Kaffeehauses, das aber eigentlich nichts als eine existenzverstörende und existenzzerstörende Menschenvernichtungsmaschine war und noch heute tatsächlich ist, öffnete ich die Eingangstüre, weil sie in ihrer ganzen Widerwärtigkeit und Niederträchtigkeit nur nach innen zu öffnen war, nach innen. Und sie ließ sich nur nach innen öffnen, um die Kundschaft, wie das Servierpersonal, das aber in dieser widerwärtigen und niederträchtigen Menschenvernichtungsmaschine einzig und allein aus einem einzigen Kellner, der sich in Hinblick auf den Menschenumgang in einen schwarzen Frack zwängen mußte, die Kaffeehausgäste nannte, darauf hinzuweisen, daß sich die Eingangstüre als Ausgangstüre nur nach außen öffnen ließ. Egal, ob die Gäste, die vom Servierpersonal, das aber in dieser widerwärtigen und niederträchtigen Existenzvernichtungsstätte einzig und allein aus einem schwarzbefrackten Kellner bestand, als Kundschaft abqualifiziert wurden, den Wunsch hegten, die Eingangstüre beim Verlassen des sogenannten Kaffeehauses nach *innen* öffnen zu wollen. Aber das Kaffeehaus, und nicht nur das Kaffeehaus, das ich betreten, indem ich die Eingangstüre, weil nicht anders möglich, gezwungenermaßen nach innen geöffnet und in dem ich an einem äußerst miesen Ecktisch Platz gefunden hatte, sondern das Kaffeehaus als Summe aller Kaffeehäuser, als menschenverachtende Kaffeetassenanstalt, war schon immer, seitdem es die Türken, die aber tatsächlich gar keine Türken im heutigen Sinne, sondern vielmehr Türken im eigentlichen Sinne waren, vor nahezu ein paar Jahrhunderten in der Architektur eines krankmachenden Zeltes in die Stadt und nach Wien gebracht hatten, eine erbärmliche und lächerliche Existenzabtötungsstätte, in der sich die Gäste (Kundschaft) schon immer ihre entsetzliche Lebenskrankheit holten und holen mußten, weil die Ausgangstüren meistens nach außen aufgehen. Doch gerade in Wien als Stadt und Stätte krankmachender Architektur, dachte ich, nachdem ich an dem stumpfsinnig wirkenden Ecktisch Platz genommen und einen *Kleinen Braunen,* was mir schon immer zuwider war, bestellt und damit ein mein ganzes Leben verletzendes Geschehen eingeleitet hatte, war das Zelt in der Architektur schon immer ein gewölbeartiger Raum in der Funktion einer pausenlos und intensiv und rücksichtslos arbeitenden tödlichen Haube, eine Geistesvernichtungsanstalt undsofort. Die Entscheidung, einen *Kleinen Braunen* zu bestellen, hatte ich, trotz all meiner Gedanken über die Wiener Zeltarchitektur, allein und vollkommen für mich allein getroffen. Und das lediglich aus einem in einen Frack gezwängten Kellner bestehende Servierpersonal servierte mir, es war, und daran erinnere ich mich genau, gegen halb zehn Uhr früh, den *Kleinen Braunen* ganz bewußt und ohne die geringste Gefühlsverfälschung seines stumpfsinnigen und skrupellosen Charakters. Noch heute erinnere ich mich mit Abscheu und Ekel an den Modergeruch des Zwangsfrackes, an die Eingangstüre, die sich nur nach *innen* öffnen ließ etcetera. Und noch heute ist mir jeder Kaffeehausaufenthalt zutiefst zuwider und schneidet mir direkt ins Herz, wenn ich tagtäglich eine dieser widerwärtigen und niederträchtigen Menschenvernichtungsmaschinen aufsuche, die Eingangstüre nach innen öffne und mir einen *Kleinen Braunen* bestelle. Doch damals war der mein ganzes Leben verletzende Serviervorgang, von meinem miesen Ecktisch aus betrachtet, folgender gewesen: Gegen halb zehn Uhr früh brachte mir das Servierpersonal, das, wie schon wiederholt gesagt, einzig und allein aus einem modrigen Frackkellner bestand, den Kaffee mit der stumpfsinnigen und hinterhältigen Bemerkung *Bitte der Herr, ein Kleiner Brauner,* ohne mir ins Gesicht zu blicken, ohne auf meine Gedanken Rücksicht zu nehmen. Und da ich noch heute tagtäglich gegen halb zehn Uhr früh mit Milch versetzten Kaffee, den man in dem Verrottungszentrum, das die Wiener Wien nennen und das sich durch seine menschenverachtende Zeltarchitektur auszeichnet, *Kleinen Braunen* nennt, führte ich auch damals das Getränk an meinen Mund, um mir im nächsten Augenblick im Zungenbezirk und im Bereich der vorderen Mundhöhle *die Zunge zu verbrennen!* Es bedurfte höchster Gefühls- und Geistesanstrengung, kein Leidensgeräusch zu verursachen und meine brennende und verbrennende und tatsächlich verbrannte Zunge im Zaum zu halten. Auf einmal war meine Zunge, ich erinnere mich noch heute, daß ich in der Schrecksekunde des unmittelbaren Verbrennungsvorganges unwillkürlich an den Geschmack der Topfenpalatschinken meiner Großmutter, die sie immer aus in Teig gerolltem Topfen bereitete und auf einem Teller servierte, eine verbrannte und lebensbedrohende Zunge. Die meisten Zungen werden in den Wiener Kaffeehäusern zwischen neun und gegen halb zehn Uhr früh verbrannt, absterbende und abgestorbene Zungen und gebrannte Existenzen fliehen um diese Zeit massenweise und in Todesangst aus der gewölbten Haubenarchitektur der erbärmlichen Menschenvernichtungsmaschinen, deren Eingangstüren meistens nur nach innen zu öffnen sind. Ich habe lange über die Kopflosigkeit und gleichzeitig Unverschämtheit und Niedertracht des Zeitpunktes des Zungenverbrennungsvorganges (zwischen neun und gegen halb zehn Uhr früh) nachdenken müssen, um zur Erkenntnis zu gelangen, daß zu diesem und nur zu diesem Zeitpunkt das Servierpersonal, das wie zum Hohn oft nur aus einem einzigen Kellner besteht, seine gefühlsfeindlichen und geschmackstötenden Zungenvernichtungen vornimmt, weil es im Grunde noch nicht hellwach, sondern in seiner Kleinlichkeit und Eitelkeit noch vom Vortage, eine Folge des Gleich- und Leerlaufes der Kellnerexistenz, übermüdet ist und folglich vergißt, den Finger in die Kaffeetasse zu stecken, um zu prüfen, ob das zu servierende Getränk auch zungenzuträglich sei. Meine verbrannte Zunge verbreitete, wie man sich denken kann, einen üblen Geruch auf der Erdoberfläche, erinnernd an den Abscheu und Ekel erregenden Modergeruch eines Kellnerfracks, und tagtäglich hatte fortan jeder Schmeckvorgang nur noch das Ziel abgeschmackten Geschmacks, des Nichtschmeckenkönnens der Topfenpalatschinken meiner Großmutter, die sie, wenn sie nicht schon lange tot wäre, wahrscheinlich noch heute aus in Teig gerolltem Topfen bereiten würde, das Nichtschmeckenkönnen als das entsetzliche und erniedrigende Schmecken der Geschmacklosigkeit. Heute noch erinnere ich mich tagtäglich, daß ich, bevor der Sekkierer und Irritierer im modernden Kellnerfrack meine Zunge zu meiner Lebenskrankheit und Leidensgeschichte verbrannte, alle bekannten und von mir geliebten Arien aus der *Zauberflöte,* meiner Lieblingsoper, mit Hilfe meines Geschmacksorgans und dem Bereich der vorderen Mundhöhle nicht nur singen, sondern, dank der behutsamen Anleitungen meines Großvaters, auch *schnalzen* konnte. Das Schnalzen, das wahrscheinlich, und um so mehr ich darüber nachdenke, um so mehr bin ich davon überzeugt, lange vor dem Singen den Gesangsvortrag ersetzte, ist ein Geräuscherzeugungsvorgang, bei dem die Zunge, natürlich im nichtverbrannten Zustand, mit dem Gaumen in ruckartigen Kontakt tritt, um sich raschest wieder zu lösen, wodurch knallige Effekte, eben das Schnalzen, für den geduldigen Zuhörer vernehmbar werden. Zwei Wochen saß ich lautlos, ohne das geringste Schnalzgeräusch von mir zu geben, im Kaffeehaus und dachte an die Zukunft. Ich war bereit, meine knalligen Geräuschübungen wieder aufzunehmen, aber ich hatte nicht im entferntesten daran gedacht, Kunstschnalzer zu werden, das hatte ich im Grunde niemals gedacht, das war niemals ein ernsthafter Gedanke in mir gewesen, denn daß ich in das Kaffeehaus gegangen war und mir die Zunge verbrennen ließ, war ja niemals dem Gedanken entsprungen, Kunstschnalzer zu werden. Vielleicht war ich ja in dieses Kaffeehaus gekommen, um einen *Kleinen Braunen* zu trinken, und nicht, um mir die Zunge verbrennen zu lassen, denn an eine Zungenverbrennung, und es gilt hier die Wahrheit zu berichten, obwohl es so etwas wie die Wahrheit niemals geben wird, hatte ich beim Betreten des Kaffeehauses wahrhaftig nicht gedacht. Obwohl ich es genauso schnell geahnt hatte, wie es dann tatsächlich geschah undsofort.

Michael von Poser

Thomas Bernhard in Travemünde

Bernhard sitzt in einem leichenhaft erleuchteten Hotelzimmer, neben sich den geöffneten Koffer. Beim Aufgehen des Vorhangs hat er sich schon eine gute Stunde geweigert, einen Brief zu schreiben, je wieder einen Brief zu schreiben.

Bernhard
Er will nur ein paar Zeilen
einen Bettelbrief
es muß eine Bettelei sein
sonst ist er nicht zufrieden
jede Woche will er angebettelt sein
jede Woche etwas Neues und etwas Bettelhaftes
er besteht auf Bettelei und Neuheit
jede Woche ein neuer Bettelbrief
der ungelesen fortgeworfen wird
in so einem Papierkorb liegt
eine ganze Literatur von Bettelbriefen
eine Literatur von Bettlern
die Verleger lassen sich anbetteln
um die Briefe sofort zu vernichten
um die Literatur zu vernichten
die Verlegerschaft richtet
seit Jahren ohne Pause
die Literatur zugrunde
die verlegte Literatur
ist die zugrundegerichtete Literatur

damit nichts übrigbleibt von der Literatur
wird jeder Fetzen verlegt
sie graben aus
was je an Literatur dagewesen ist
und verlegen sie
um sie zu vernichten
Geld spielt dabei keine Rolle
sie lassen es sich etwas kosten
wenn sie ein Stück Literatur
zunichte machen können
dafür haben sie Geld
für eine zweite, dritte Auflage
um die vernichtete Literatur
noch einmal und noch einmal zu vernichten
die Autoren betteln darum
daß ihre Arbeit vernichtet wird
sie drängen sich
in die Literaturvernichtungsmaschine
dafür lassen sie sich etwas einfallen
um in der Literaturvernichtungsmaschine
aufgenommen zu werden
dafür betteln sie und tanzen sie
das Herumreisen ist das Tanzen
unter den Augen seines Vernichters
seines Verlegers
tanzt einer herum
tanzt einer durchs Land
von den nördlichen Provinzen
in die südlichen Provinzen
und schreibt ihm Bettelbriefe
damit er die Güte hat
auch sein nächstes Buch zu vernichten
wenn er nicht mehr will

wenn er vom Betteln und Tanzen
erschöpft ist, heißt es
es ist aus mit ihm
er hat ausgehustet
er ist leer
eine ausgeschriebene Hülse
die Hülsen haben
gefälligst weiterzutanzen
damit der Verleger
sie nicht für ausgeschriebene Hülsen hält
Hunderte von ausgeschriebenen Hülsen
tanzen durchs Land
von Norden nach Süden
um den Verlegern den Eindruck zu geben
es gebe noch etwas zu vernichten
etwas von ihnen
sei noch nicht ausgeschriebene Hülse
als ob sie nicht schon immer
seit sie entdeckt wurden
ausgeschriebene Hülsen gewesen wären
sie tanzen und reisen
Tote reisen Tanz

(Er hält einen Augenblick ohne Erschöpfung inne, holt ein tanzendes Trompetermännchen aus dem Koffer und zieht es auf)

auch um Mitternacht
darf der Tanz
nicht aufhören
hoppla der Tanz
hat weiterzugehen

(Das Trompetermännchen tanzt auf dem Tisch, trompetet aber nicht)

so ein Männchen
ist unbezahlbar
hat der Verkäufer gesagt
es kostet fast nichts
das unbezahlbare Männchen
das gleichzeitig tanzt und trompetet
das Männchen tanzt
aber es trompetet nicht
ein Kontakt ist nicht in Ordnung
das Männchen
hat der Verkäufer in Rottweil gesagt
tanzt und trompetet immer gleichzeitig
wenn es tanzt muß es
automatisch auch trompeten
Tanzen und Trompeten
sind bei dem Männchen simultan
so der Verkäufer in Rottweil
ein Männchen das immer
gleichzeitig tanzt und trompetet
ist geschenkt für den Preis
so der Verkäufer in Rottweil
in Rottweil lügen die Verkäufer
die Rottweiler Verkäufer sind Lügner
die nichts wissen von dem
was sie verkaufen
der Verkäufer hat noch nie
in so ein Männchen hineingeschaut
er redet als kennte er sich
in dem Inneren des Männchens
das angeblich
gleichzeitig tanzt und trompetet
bestens aus
Nichtswisser verkaufen in Rottweil

nichtfunktionierende Dinge
die Verkäufer wissen in Rottweil
ebensowenig was sie tun sollen
wie die Männchen die sie verkaufen
der Ort ist chaotisch
funktionsunfähig
da hat nie etwas funktioniert
in Rottweil
der Kontakt auf den alles ankommt
war in Rottweil immer ein erlogener
ein nie dagewesener Kontakt

(Das Trompetermännchen aus Rottweil fällt vom Tisch, hört auf zu tanzen, aber fängt an zu trompeten)

wenn zwei
sich ausschließende Eigenschaften
einen Anstoß von außen erhalten
bekommt die monotonere
das Übergewicht

(Das Trompetermännchen trompetet immer leiser bis zum Ersterben)

das kleinste Geräusch
kann das Schreiben unmöglich machen
aber ohne Geräusch
ist das Schreiben ganz unmöglich
absolut unmöglich
ich brauche zum Schreiben Ruhe
aber bei absoluter Ruhe
wird das Schreiben
eine absolute Unmöglichkeit
bei der Unmöglichkeit des Schreibens
ist das Unmöglichste

das Schreiben von Briefen
es ist eine Lüge
daß sich die Briefe
von selbst schreiben
daß das Schreiben von Briefen
keine Anstrengung sei
das Schreiben solcher Briefe
ist das absolut Unmögliche
und die absolut größte Anstrengung
die Wahrheit ist
daß es absolut unmöglich ist
auch nur zwei Zeilen
eines einzigen Briefes zu schreiben
die Anstrengung
ist absolut tödlich

Das Licht erlischt vielleicht infolge eines Kurzschlusses. Ende des Stückes. Trotzdem geht es im Dunkeln auf schwer beschreibbare Weise weiter.

WOLFGANG SEMBDNER

Schneewittchen

Nach Thomas Bernhard

Wer hat von meinem Teller gegessen
Ich hasse es
wenn man von meinem Teller ißt
Ich habe es immer gehaßt
weil es mich an Trier erinnert
wo man ständig
von meinem Teller gegessen hat
Ganz Trier hat von morgens bis abends
von meinem Teller gegessen
Der einzige Ort
der noch ekelerregender ist als Trier
ist die Lüneburger Heide
Dort hat man sogar
mit meiner Gabel gegessen
Begreifst du diese Infamie
Kaum kehrst du den Leuten den Rücken
fallen sie über deine Gabel her
Erinnerst du dich an Büsum
wo wir uns kennenlernten
Eines Abends fand ich dich in meinem Hotelbett
Wenn du einen fremden Menschen
in deinem Hotelbett findest
bist du verloren
Entweder
es ist ein Martyrium der Peinlichkeit
oder es ist die große Liebe

In jedem Fall
ein Martyrium der Peinlichkeit
Weißt du eigentlich
was mich seit zehn Jahren
an diesen Stuhl gefesselt hält
Nichts als die nackte Angst
man könnte auch noch
von meinem Stuhl Besitz ergreifen
Erst hat man
von meinem Hotelbett Besitz ergriffen
dann von meinem Teller
in Trier
dann von meiner Gabel
in der Lüneburger Heide
Trier greift nach meinem Teller
die Lüneburger Heide
nach meiner Gabel
Es existieren Pläne
die Stadt Trier
in die Lüneburger Heide
zu verlegen
nur um mich
vollständig zu ruinieren

KARL WOISETSCHLÄGER

Einkehr in einem Pinzgauer Dorfgasthof

Nachdem ich Mitte April auf Einladung der Österreichischen Gesellschaft für Literatur in S. oben tatsächlich eine meine Arbeit betreffende Vorlesung gehalten und mit den aus mehreren Ländern eingeladenen Teilnehmern diskutiert habe, zeigte sich während der Vorbereitungen zum anschließenden und abschließenden gemeinsamen Abendessen im sogenannten Gastsaal des einzigen größeren S.schen Gasthofes wieder einmal, in wie kurzer Zeit eine in diesem Falle herbeigeführte, alles in allem gelungene und an und für sich nützliche Stimmung und Gesellschaft plötzlich zu einer verdüsterten werden kann.

So hatte der sogenannte Oberkellner, der in Ausübung seines Amtes naturgemäß vorübergekommen war, von mir anfangs gar nicht Notiz genommen. Aber er mußte mich schon gesehen haben. Das merkte ich. Wir waren noch nicht lange an unseren Tischen, als des weiteren meine Person mit einem Mal überdies von seiten der Gastwirtsgattin und Gasthofmitbesitzerin (Frau M. T.!) zu einer öffentlichen Brüskierung und allgemeinen Verächtlichmachung bei den zufällig anwesenden Einheimischen im Gästezimmer benutzt wurde, indem diese Person sich nunmehr über meine Person, und in diesem Zusammenhang hatte sie hinterrücks, doch ganz deutlich und unmißverständlich als von „diesem *destruktiven, schrecklichen Menschen*" gesprochen, ganz und gar abträglich zu äußern begann. Es sei ihr (der Wirtin) unverständlich, was *diese Person,* als solche bezeichnete sie mich schließlich, in dieser Gegend suche, wenn es nach ihr ginge, so käme jedenfalls überhaupt kein *solcher* Mensch mehr herauf, nicht *ein einziger,* „mehr Nachteile als Vorteile" seien sie für die Wirtsleute usf. Die verletzenden Beobachtungen und die vollkommene Bewußtwerdung der Tatsache, daß ich als Mitglied einer zahlenden Gastgesellschaft in einem öffentlichen Gastbetrieb von einem Mitglied des Wirtspersonals immer deutlicher und immer lauter und nachhaltiger (das ist die unglaubliche Auffälligkeit gewesen, daß sie, die Wirtin, mit dem Fortschreiten der Zeit auf eine mir selbst unheimliche Weise immer mehr und von nichts anderem gesprochen hatte) attackiert wurde, waren es, die mich verständlicherweise endlich und also mit noch leerem Magen einfach das Freie hatten aufsuchen lassen.

Tatsächlich hätte ich Vorsorge zu treffen gehabt, sie (die Wirtin) erregende (oder andere) Wörter nicht zu gebrauchen. Sie soll auch, worauf ich ebenfalls nach dieser meiner faktischen Ausladung von oben angeführtem Abendessen aufmerksam gemacht worden bin (und wie mir nicht nur von einer Seite bestätigend zu Ohren gekommen ist), im Zuge der Verächtlichmachung meiner Person noch mehrere Male ausgiebig von der Möglichkeit Gebrauch zu machen versucht haben, in ihrer krankhaften Einstellung gegen mich in Verbindung mit ihrer wichtigtuerischen und schamlosen Weise meine Person nun auch den Vertretern der Österreichischen Gesellschaft für Literatur gegenüber sowie insbesondere den ausländischen Gästen und Freunden verächtlich zu machen und nach unserem gemeinsam verbrachten Nachmittag von mir ganz offen nur mehr als von diesem *„ganz schrecklichen, ja erschreckenden Kerl"* geredet haben (was ja mindestens als eine ungeheure und ungeheuerliche Ungezogenheit, und eine Dummheit!, bezeichnet werden muß), obwohl mich diese Wirtin bis dahin überhaupt nicht kannte und obwohl diese gewisse Wirtin auch, wie ich weiß, von mir bis jetzt keine Zeile gelesen hat, und von meiner ihr bis dahin also nur von der sie nicht weiter irritierenden und also in keiner Weise beunruhigend berührenden Oberfläche her bekannten Existenz schließlich nur mehr noch als von einer durch und durch *„schrecklichen, krankhaften Existenz"* geredet haben. Die Rechnung war einfach nur in das Gelächter der Deutschen umgeschlagen, wie so oft.

Mit dem Rücken hatte ich mich draußen an die Hauswand zu drücken gehabt ... Man darf nicht nachdenken! Doch diese Stimme im Ohr, die wie aus einem Schatten (Menschenschatten!) zustach, immer tiefer *in mich hinein* stieß, fortwährend und beständig, und tiefer und rücksichtsloser und immer noch tiefer und rücksichtsloser und roher und schonungsloser in mich hinein, bis in die tiefste Tiefe hinein, tatsächlich aber mit immer noch größerer Raffinesse und mit der unglaublichsten Ausdauer in mich zuletzt bis an die Grenzen des Beschreiblichen und Erträglichen treibender, meinen Körper von innen nach außen erhitzender Weise hineinstieß, hatte mich zunächst irritiert, zum *Hin- und Her*gehen, ja zum *Weiter*gehen (vom Haus weg!) gezwungen, das ein Weiter*hetzen* war. Menschen waren ja einerseits entschieden keine zu sehen, *keine mehr,* andererseits überall rücksichtslos bellende, heulende Hunde. Der Föhn! dachte ich gleich. Der bei dieser Gelegenheit auf dem Gelände und auf *jedem* Gelände bald an der Salzach, bald am Inn, in diesen salzburgischen und oberösterreichischen und oberbayrischen Hochfieberlandschaften jederzeit überall in Erfahrung zu bringende und auch bereits bei meiner vormittäglichen Ankunft in Erfahrung gebrachte ohrenbetäubende, von den Föhnzuständen ausgelöste, völlig viehische Geräuschelärm aus Ställen insbesondere vom Rind, vom Schwein, vom Geflügel usf. dachte ich. Der Tonfall, der ein krankhafter ist usf. Die Brüskierung meiner Person in diesem Fall muß ja eigentlich, indem ich ja, ganz abgesehen von Dutzenden und aber Dutzenden anderen Einladungen, bekanntlich auch von der Österreichischen Gesellschaft für Literatur in aller Herzlichkeit eingeladen worden war, denke ich, naturgemäß auch eine Brüskierung aller Leute von der Österreichischen Gesellschaft für Literatur usf. darstellen. In aller Bescheidenheit und naturgemäß auch Betroffenheit frage ich, ob es die Aufgabe einer Gastronomin, und sei es in S., sein kann, Gäste anderen Gästen gegenüber, anstatt ihnen selbstverständlich nützlich zu sein oder sie ganz einfach in Ruhe zu lassen, verächtlich, was noch schlimmer ist, öffentlich verächtlich zu machen.

Diese Gedanken unter dem Druck der sich insbesondere gegen das Winterende, es war ja erst Mitte April, in dieser Gegend bekanntlich immer noch mehr vergröbernden Jahreszeit und also der infolgedessen dort oben um diese Jahreszeit trotz des Föhns noch immer herrschenden tödlichen Temperaturen in Verbindung mit einer seit dem Mittag vollständig ermangelnden Verköstigung sowie der aus einem undurchsichtigen physikalischen Gesetz heraus urplötzlich über S. hereinbrechenden Dämmerung hatten mich naturgemäß und nichts als nur folgerichtig endlich frösteln lassen. Meine Erfahrungen mit der Gastwirtewelt sind ja seit vielen Jahren die groteskesten, also nicht die besten, aber ich frage mich heute, warum es tatsächlich auf alle Fälle immer wieder die allerschlechtesten sein müssen.

Da habe ich tatsächlich plötzlich einen alten Mann, vermutlich einen Dörfler, widerwillig, wie ich glaubte, an einem Stock einfach aus einem Waldstück sich herausbewegen sehen. „Ich suche das Gasthaus“, sagte ich gleich. Er musterte mich und nahm mich mit. Er (der Alte) sei ständiger Gast im Gasthaus, sagte er bald. Und das könne wohl nur auf einem irrtümlichen (oder einem ausgefallenen) Gedanken beruhen, machte er mich plötzlich und nicht ohne Witz aufmerksam, wenn einer in S. absteige, hier Erholung suche. „In *dem* Gasthaus dort?" So jung könne man gar nicht sein, daß man nicht gleich sehe, daß das natürlich unsinnig sei. „In *dieser* Gegend?“ Obwohl er mich vor sich hergehen ließ und mir nur ab und zu ein Kommando wie „links“ oder „rechts“ zurief, begann mich dieser Mensch schon nach kurzer Bekanntschaft seiner Person mit einem Mal mehr und mehr zu interessieren. „Diesen Weg gehe ich täglich“, sagte er, „ich gehe ihn schon jahrzehntelang. Ich könnte ihn im Schlaf gehen.“ Ich machte den Versuch, Näheres über den Grund, warum er jetzt in S. sei, zu erfahren. „Meine Krankheit und alle Gründe zusammen“, sagte er. Ich hatte mir selbstverständlich keine ausführlichere Auskunft erwartet. Das allerdings hatte ich sofort gefühlt: diesem Mann gegenüber kann ich vollkommen ehrlich die Wahrheit sagen, ohne zu verraten, wer ich *wirklich* bin, ich kann ihm von vornherein alles sagen, was ich denke, und ich dachte nichts Gutes. Sie sei eine schlechte Abwascherin, meinte er mehrere Male. Die Fenster ließe sie das ganze Jahr über sämtlich geschlossen. Auf das Dorf zurückkommend, sagt er: „Man muß auf alle Fälle etwas zum Lesen mithaben oder eine Arbeit. Haben Sie denn nichts mit?" Und etwas später, bereits in dem Augenblick, als wir in das sogenannte Vorhaus eingetreten waren und ich dann augenblicklich buchstäblich wie in eine plötzlich in ein Vorhaus eingetretene Tragödie, Urtragödie schaute, daß es von mir hätte sein können: „Ein paar Schritte hinein, heraus, dahin, dorthin, um nicht erfrieren zu müssen … Der Mund wird gehalten, das andere tobt sich aus …" Was zieht einen Menschen wie ihn in eine solche Gegend?!

Am nächsten Morgen bin ich mit dem ersten Autobus aus der verdrußerzeugenden S.schen Hochlandschaft wieder nach Hause hinuntergefahren, wo ein Berg unerledigter Arbeit und Gedanken auf mich wartete.

SAMUEL WEINBERG

Thomas Bernhard im Traum erschienen

Hochsteiners Malerei war für mich etwas, mit dem ich fertig werden mußte, dem ich nicht ausweichen konnte. Sobald ich von einer neuen Ausstellung Hochsteiners, ja nur von einem neuen Bild, das zu sehen Gelegenheit war, Kunde vernahm, machte ich mich so bald als möglich auf, bestieg schon den Frühzug, in dem die Arbeiter zur Arbeit fuhren und verschlafen zum Fenster hinausblickten, und suchte die Galerie auf; vergewisserte mich vorher sehr genau, daß Hochsteiner selbst nicht anwesend war, betrat dann die Ausstellung und nahm folgendes wahr: was mich am meisten interessierte, worauf ich am meisten neugierig war, nämlich mich selbst in einer überraschenden, auf die Spitze getriebenen Verdeutlichung, einer Verdeutlichung aber, die so überscharf war, daß ich mich schon wieder nicht mehr voll darin erfassen konnte, sondern davor in einem wehmütigen Abstand zurückblieb. Es war ein mit Neugierde, ja mit Erschrecken verbundenes Wiedererkennen meiner selbst, in der Summe meiner vollzogenen, verzögerten und aufgegebenen Möglichkeiten. Ich sagte mir beim Anblick der Gemälde: So hätte ich malen müssen, wenn ich meine Malerlaufbahn von Anfang an wirklich konsequent verfolgt hätte, so hätte ich malen *wollen*, wenn ich meine Laufbahn konsequent hätte verfolgen und meine Vermauerungen abbauen können; das, so sagte ich mir, wäre das mir gemäße Malen gewesen. Ich sah in Hochsteiners Bildern die Lösungen meiner eigenen Fragen, sah in ihnen zugleich etwas wie die Antwort der Sphinx. Genau das, was ich suchte, hatte Hochsteiner bereits gefunden und in kaum übertreffbarer Form freigelegt, wie es mir, vielleicht, nie gelungen wäre. (Andererseits mußte ich immer wieder feststellen, daß ich etwas bereits selbst gemalt hatte, das ich erst später in einem neuen Gemälde Hochsteiners entdeckte, etwas, das eindeutig feststellbar erst nach meinem Gemälde von Hochsteiner gemalt worden war.) Solche Begegnungen mit Bildern Hochsteiners verkleinerten mich, zerkleinerten mich, und ich sagte zu mir: Jetzt ist alles aus! In die anfängliche Lust, dieses genaue Gelingen der Gemälde Hochsteiners beim Anschauen nachzuvollziehen, in diese Lust am genauen Gelingen mischte sich, indem sich jetzt wie aus weiter Ferne, jedoch rasch, panikartig die Erinnerung an meine eigene Malerei einstellte, in diese Lust also am genauen Gelingen der Gemälde Hochsteiners mischte sich mein Schmerzgebrüll, zu dem sich gleich darauf ein Selbstrachegefühl gesellte, was meiner Untergangsstimmung die Unerträglichkeit nahm. Ja, eine Erleichterung überkam mich angesichts meiner nun anscheinend erwiesenen Billigkeit und Talentlosigkeit, eine Erleichterung, die in dem nunmehrigen Wegfallen der Verantwortung mir selbst gegenüber ihre Ursache hatte, weil ich mir sagte: Es lohnt sich also nicht, auf mich aufzupassen, mir Zucht aufzuerlegen, mich zusammenzunehmen, mich zu quälen, denn es geht an mir sowieso nichts verloren, ich bin billig, drum kann ich jetzt anfangen zu saufen nach Herzenslust und in schönem Dusel meine restlichen Tage rumkriegen; und ich sah bereits einen lang anhaltenden, einen Fasching auf Lebenszeit für mich anheben.

Ich muß, sagte ich zu mir, meine Malerei aufgeben, denn die Wege, die Hochsteiner mir mit seiner Malerei gezeigt hat, kann ich nicht beschreiten, weil es seine Wege sind. Man wird mich, so sagte ich mir – wieder im Zug nach Göllersberg sitzend –, als einen lächerlichen Epigonen bloßstellen und verachten, wenn ich mich der Machart Hochsteiners bediene, ihn darin kopiere, ja man wird mich vielleicht sogar vor Gericht bringen und mir den Prozeß machen, wegen Plagiats, und damit dem künstlerischen Zusammenbruch noch den finanziellen hinzufügen. Andererseits kann ich Hochsteiner nicht umgehen, weil ich (so sah ich es im Augenblick) ohne Hochsteiner nicht malen kann. Gewiß, ich hätte versuchen können, Hochsteiner zu umgehen, aber damit, so schien es mir wiederum, hätte ich zugleich meine eigene Malerei, mein ureigenes Malen (oder vermeintlich ureigenes) umgangen. Also gut, sagte ich mir, wie schon einige Male, es ist alles aus. Und es ist mir im Grunde ganz gleichgültig, daß alles aus ist, es geschieht mir recht. Es braucht mir nicht leid sein, ich habe eben nicht das Talent, und wer darf mir daraus einen Vorwurf machen, wer darf sich solches unterstehen! Ich habe eben nicht das Talent, das alle Hindernisse durchbrochen hätte, so wie das wirkliche Talent alle Hindernisse schließlich doch durchbricht.

Ich erkannte in solchen Stunden *nicht*, daß ich einer Täuschung unterlag. Und ich erkannte in solchen Stunden auch *nicht*, daß eben diese Stunden und nur diese das unbegrenzte geheimnisvolle Hinterland waren, aus dem meine großen Gemälde entstanden. Denn nicht dann und dort, wenn und wo, in Hochgestimmtheit und Hingerissenheit, etwa ein anderer

Künstler in mir triumphierte, galoppierte, parodierte, sich bravourösest entfaltete, fand *ich mich wirklich selbst* als der, der ich unverwechselbar war. Sondern mein Ureigenes fand ich aufblühen und identifizierbar mit mir werden nur in den Stunden der äußersten Enteignetheit, an der Grenze der Selbstaufgabe: da begegnete ich mir selbst, erkannte mich plötzlich als der seit eh und je Bestimmte, Unverwechselbare, Unaustauschbare – und allein von diesem her wurden meine großen Gemälde *möglich*.

Manchmal, wenn mich Leute in Göllersberg besuchten und dann wortlos vor meinen Bildern im Wohnzimmer standen, kam es mir vor, als sei ihr Schweigen vor diesen großen an den Wänden hängenden Gemälden nichts als ein Verschweigen ihrer sofortigen Erkenntnis, daß es sich in schreiender Weise um Nachahmungen der Werke Hochsteiners handle. Aber nach einer Weile kam ich dahinter, daß ihr Schweigen nicht etwa Betretenheit war über meine ihnen als offenkundig erscheinende Abhängigkeit und Uneigenständigkeit, sondern bloß die Folge ihrer Unfähigkeit,über meine Gemälde etwas zu äußern: sie wußten einfach nicht, was sie sagen sollten, weil sie nichts von Malerei verstanden (das merkte ich nicht gleich). Wenn sie aber dann doch etwas äußerten, dann war das so weit weg von meiner Malerei, als hätte es damit überhaupt nichts zu tun, sondern meine etwas ganz anderes, und wenn einer schließlich auch sagte, meine Malerei erinnere ihn an die Hochsteiners, so war diese Bemerkung gleichfalls weit weg, irgendwie beziehungslos, wie im Traum gesprochen, und ich merkte, daß er den Namen Hochsteiners lediglich deshalb nannte, um zu zeigen, er wisse über Malerei Bescheid und könne Verbindungen ziehen (wobei er gar nicht auf den Gedanken kam, daß er mich damit brüskieren könnte). Da fand ich mich wieder daran erinnert, daß für die Feststellung einer eventuellen Abhängigkeit (und deren Grad) meiner Malerei von der Hochsteiners nur ein Mensch auf der Welt zuständig war, nämlich ich.

Dieses Schweigen mancher Besucher, wenn sie ihren Blick lange hinauf auf die schweren Bilder im Göllersberger Wohnzimmer gerichtet hielten, deutete ich gelegentlich auch so, daß sie meine Arbeiten für Machwerke hielten, so sehr, daß ihnen die Worte wegblieben. Ich selbst glaubte daraufhin Mängel entdecken und frühere Zweifel nun doch bestätigt sehen zu müssen; wenn dann diese Besucher wieder gingen, begleitete ich sie bis zur Wohnungstür, winkte ihnen nach, bis sie im Stiegenhaus unten verschwunden waren, ohne daß ich schon den Grund für mein Nachwinken beziehungsweise für die Fröhlichkeit, die es demonstrierte, kannte, denn ich kehrte sehr besorgt ins Wohnzimmer zurück, stand dort stundenlang vor meinen Bildern und rührte mich nicht von der Stelle. Angst engte mich wie Eisenreifen an Kopf und Brust ein. Ich tat deshalb keinen Schritt von der Stelle, weil ich nicht wußte, in welche Richtung hin ich mich bewegen sollte, denn jede war wegen Sinnleere oder zumindest wegen Sinnöde unbegehbar. Meine Gemälde betrachtete ich nur insoweit, als sie gerade in meinem Gesichtskreis lagen, ein Entschluß, auch nur den Kopf zu bewegen, lag sehr fern. Daher fiel mein Blick mehr gedankenlos auf die Malereien, und es war mehr ein innerer Abgrund, der sich langsam öffnete, in den ich wie ein ekles armes Tier den Gedanken einließ, daß diese Malereien, in großen Teilen, mißglückt waren –

alle, oder fast alle. Und wieder vergingen Viertelstunden, indessen sich das arme ekle Tier wie ein Hund zu meinen Füßen gelegt hatte. Auf einmal begriff ich, worauf die Fröhlichkeit saß, die sich vorhin, als ich die Besucher ins Stiegenhaus hinaus begleitet hatte, in einer wie mechanischen Winkbewegung angekündigt hatte, nämlich daß ich im Anblick meiner Bilder als von etwas Mißglücktem meinen *Grund* erreicht hatte! Ich fand es in diesem Augenblick als etwas Großes, Gewaltiges, daß, so schien es mir damals, meine Gemälde in weiten Teilen mißlungen waren – etwas wie Dankbarkeit empfand ich, darüber, daß es nicht Meisterwerke waren – banale Meisterwerke für eine banale Öffentlichkeit, und meine Besucher, während sie die Treppe hinabstiegen, verließen, so sah ich es, einen Mann, der in seinem Vorhaben gescheitert war (nicht einen Sieger) – und das fand ich jetzt viel interessanter, als sie durch einen Triumph beeindruckt zu haben - - - die unendliche Überlegenheit, mit der ich sie die Stiege hinunter und von mir fort gehen sah, sie war es, die mich ihnen in Fröhlichkeit nachwinken ließ. Denn es war eine zweifache vollkommene Überlegenheit: erstens die der abziehenden Besucher, die der Meinung waren, einen elend Gescheiterten zu verlassen, und zweitens die meinige, darüber, daß ich im Mißglücken meinen Grund erreicht hatte, wobei ich ahnte, daß sie ihren Grund nicht so ohne weiteres erreichen würden. Meine Überlegenheit ferner: nachdem ich schon sehr lange regungslos dagestanden war, stampfte ich jetzt mit dem Fuß auf den Boden, weil eine wilde Freude in mich zurückkehrte wie eine Flüssigkeit, die mich wie ein Gefäß auffüllte. Je offener ich da und dort eine schlechte Stelle (und eine je größere!) an diesem oder jenem Bild festzustellen glaubte, desto fröhlicher wurde ich, indem ich diese Stellen gierig als schlecht ansah, und je schlechter sie mir vorkamen, desto härter wurde mein Entschluß zu einem neuen Anlauf: die schlechten Stellen zu verbessern, neu zu fassen und dabei weiter, viel weiter auszuholen, so weit, wie ich noch nie ausgeholt hatte, und wie ich, wenn mir die betreffenden Stellen auf Anhieb geglückt wären, niemals ausgeholt hätte beziehungsweise in der Lage gewesen wäre auszuholen.

Herbert Lederer

Die Hitze

Thomas Bernhard nachgeheizt

...weil aber in dieser durch und durch verrotteten Stadt Salzburg, die ausschließlich von schweißfüßigen Börsenjobbern und kropfbehangenen Volkstümlern bewohnt gewesen sei, ereiferte er sich, die elementaren Notsignale seines Großvaters konsequent überhört worden waren, selbst von der Großmutter und schon gar von der Mutter, beteuerte er, habe der Großvater in einem Akt der Verzweiflung, man bezeichne es nämlich auf die ungeheuerlichste Art als Verzweiflung, obwohl das darin enthaltene Wort „Zweifel" die seelische Qual nicht auszudrücken vermöge, seine Violine in das glosende Feuer des Kachelofens gesteckt, worauf es hell aufgeflackert sei, weithin sichtbar in dem schleimigen Sumpf dieser Stadt, wo immer noch ehemalige Nazis ziemlich unverfroren tätig seien, die glühende Hitze dieses Autodafés sei bis hinaus in das Landeskrankenhaus zu spüren gewesen, wo man sich nicht entblödete, in einem Gitterbett der Psychiatrischen Abteilung den einzigen genialen Menschen dieses dekadenten bajuwarischen Intrigennestes auf die infamste Weise einer Entziehungskur zu unterwerfen, er legte allen Nachdruck auf das Wort „unterwerfen", weil es sich in die schwachsinnigen Gehirne der Menschen einbrennen müsse, wie niederträchtig die Verfolgungen sich manifestierten, wenn es darum ginge, den geistig turmhoch Überlegenen zuerst zum Gerichtssaalreporter zu erniedrigen, ihn sodann als angehenden Oratoriensänger zu desavouieren, noch bevor er Gelegenheit gefunden habe, Atem zu holen, ihn zuletzt in den Keller eines drittklassigen Delikatessengeschäftes zu verbannen, stellte er ganz entschieden fest, denn nur durch die artifizielle Selbstbefreiungstat des Schreibens, trotz der nun schon atembeklemmenden Hitze, die der verbrennenden Violine entströmt sei, und trotz aller hinterlistigen, heimtückischen Verfolgungen, in denen man sich gegen ihn verschworen habe, von Anfang an, denn schon immer hätten sich alle gegen ihn verschworen, aus Neid, Mißgunst und Ignoranz, weil in dieser durch und durch verrotteten Stadt Salzburg, die ausschließlich von schweißfüßigen Börsenjobbern und kropfbehangenen Volkstümlern …

Alois Brandstetter

Die Vlöhrersache

Der Herr Onkel erzählte, daß er anfangs gar nicht gewußt habe, welch berühmten Selbstmörder er an jenem denkwürdigen 14. Mai aus dem Wasser der Endach gezogen hatte. Er hat nur gleich gesehen, daß es sich um keinen Menschen der näheren Umgebung handelte. Für einen Auszugbauern war der Ertrunkene dem Onkel zu jung, für einen Landarbeiter aber zu gut gekleidet. Insofern wußte er gleich, daß es sich um einen sogenannten Besseren handeln mußte. Dem Herrn Onkel ist nämlich sofort das ungewöhnlich edle Schuhwerk aufgefallen, auch der überaus noble Salonsteirer. Der Anzug entsprach in Stoff und Schnitt der Erneuerten Oberösterreichischen Landestracht. So sah der Onkel, daß es sich bei dem Unglücklichen um einen sogenannten gefeierten Menschen handelte, wie er sich ausdrückte. „Gefeiert" (auch „ausgefeiert") bedeutete in der alten Landesmundart aber nicht „gefeiert" in dem heutigen Sinn von „berühmt" (was für Vlöhrer freilich auch so gegolten hätte), sondern soviel wie „nicht manuell arbeitend", „einer unkörperlichen Arbeit nachgehend". Der Herr Onkel sagte, er habe die teuren Schuhe, das elegante Gewand des Toten und dann die feinen, schwielenlosen Hände gesehen und habe daraufhin bei sich selbst gesagt: Das ist ein gefeierter Mensch, das ist kein Bauernmensch, das ist kein Knecht, das ist ein „Ausgefeierter". Erst der Inspektor Bürger hat dann den Unbekannten aus der Endach identifiziert. Als der Inspektor dem Onkel den

Namen Vlöhrer nannte, hatte der Onkel den Namen wohl schon gehört, aber natürlich keines von den berühmt-berüchtigten pessimistischen Büchern des großen Schwarzsehers gelesen. Erst später hat der Onkel aus berechtigter Neugier in eins oder das andere dieser damals vielgepriesenen trostlosen Bücher hineingelesen. Und erst nachdem er in das eine oder andere der düsteren Bücher des unglücklichen Vlöhrer hineingesehen hatte, habe er sich über den Selbstmord des Vlöhrer auch weiter nicht mehr wundern müssen. Nicht rechnen aber habe man damit können, daß sich der unglückliche Vlöhrer ausgerechnet in die Endach stürzen würde. Es seien größere und bedeutendere Flüsse, wenn nicht überhaupt andere Selbstmordarten eher naheliegend und wahrscheinlich gewesen, sagte der Onkel. Tatsächlich soll Vlöhrer einmal einen mißlungenen Versuch im Tiber gemacht haben.

Es wurde ermittelt, daß Vlöhrer, der vermögend war und sich mit seinen pechschwarzen Büchern unter den Liebhabern der Dunkelheit und Finsternis in der Literatur einen Namen gemacht hatte, zwischen seinen zwei Besitztümern, einer Hube bei Andrichsfurt und einem Dreiseithof zwischen Niederthan und Altenschweng, unterwegs war, daß er ungefähr in der Mitte zwischen den beiden Ortschaften angehalten, sein Auto am Straßenrand abgestellt und dann an der Brücke unterhalb Elmischhub „zu Wasser gegangen" sei, wie es der Herr Onkel ausdrückte. Damit hatte zuletzt jener Teil der Vlöhrerkenner recht behalten, der von Anfang an der Meinung war, der Autor dieser schwerblütigen und schwermütigen Bücher werde einmal wie so viele seiner Romanfiguren und Helden durch Freitod enden, während andere Leser und Literaturfachleute manchmal den Verdacht geäußert hatten, der Autor sei im Gegenteil ein Mensch, der persönlich von den Greueln seiner Literatur gänzlich oder doch weitgehend unberührt und unbetroffen sei, daß die Düsternis also nur eine veranstaltete Aufführung darstelle, wie diese zweite Gruppe von Vlöhrerkennern (und Vlöhrergegnern) es für unverantwortlich und moralisch verwerflich hielt, daß mit dem Entsetzen Spaß getrieben werde und vor allem jugendliche Leser, die Vlöhrers Bücher wie in einer Sucht verschlangen und den sinistren Spaß für Ernst nahmen, in die Negativität und in einen tödlichen Nihilismus getrieben würden und aus dieser Stimmung heraus nicht selten Selbstmord verübten. Diese Kritiker hielten somit Vlöhrer für einen selbst immunen und von der dargestellten verheerenden Melancholie nicht affizierten Unternehmer, für einen selbst nicht süchtigen Drogenhändler.

Meine eigene Meinung, lieber Neffe, dürfte dir bekannt sein. Ich bin als ein Mensch, der sich sein Leben lang mit praktischen Dingen wie der Müllerei und der Technik beschäftigt hat, wenn aber mit Büchern, dann mit positiven und konstruktiven, in ihrer Wirkung als aufbauend und segensreich zu bezeichnenden, stets fassungs- und verständnislos vor der unheilvollen Faszination dieser Literatur gestanden. Ich gestehe auch gern, daß ich oft dasjenige, was meine Mitmenschen als literarischen Tiefsinn zu achten und anzustaunen bereit waren, für eher unsinnig, manchmal geradezu für den platten Schwachsinn hielt, wenn ich einmal wie der Herr Onkel solche deutlichen Worte gebrauchen darf, die sonst meinem Charakter nicht entsprechen. Dies zum Kapitel Vlöhrer, das ja nun längst abgeschlossen und ausgestanden ist. Ich habe aber gemeint, ich sollte es in meinem Lebensbericht doch wenigstens streifen. Der Onkel sagte, er sei durch die Vlöhrersache in die Literaturgeschichte gekommen wie Pontius ins Credo.

Hans Weigel

Furioso

Er, Schaffler, ginge zur Buchmesse, sagte Schaffler, hätte Thomas gesagt, wenn nicht Bernhard gesagt hätte, Schaffler ginge nicht zur Buchmesse, aber Bernhard wisse, was davon zu halten wäre, und Thomas wäre sehr im Irrtum, sagte er zu Unseld, der gesagt hätte, es sei ihm gleichgültig, wer zur Messe ginge, er, Unseld, ginge zur Messe, und er wolle auch gar nicht ausschließen, daß Thomas dort den Bernhard bei Schaffler sähe, und er wisse, daß wenige so zerstritten wären wie Thomas und Bernhard, aber Thomas wäre, hätte Unseld gesagt, nicht gut beraten, wenn er bei Schaffler wäre, und es könne nicht schaden, sagte Bayr, hätte Schaffler gesagt, daß Thomas bei Schaffler wäre, obwohl, sagte Bayr, Schaffler gesagt hätte, daß er, Schaffler, den Verdacht habe, daß Unseld ihm alle Autoren abspenstig machen wollte; und es könne nicht weniger schaden, hätte Unseld gesagt, sagte Bayr, daß Bernhard bei Unseld wäre, obwohl Unseld gesagt hätte, daß er den Verdacht habe, daß Schaffler ihm alle Autoren abspenstig machen wollte, was Schaffler dem Unseld und Unseld dem Schaffler ebenso übel nähmen wie Bernhard dem Thomas und Thomas dem Bernhard, aber es bleibe dabei, daß Thomas bei Schaffler und Bernhard bei Unseld bleibe, hätte Reich-Ranicki gesagt, hätte Unseld gesagt, hätte Bayr gesagt, sagte Thomas Bernhard und teilte Watschen aus nach allen Richtungen, außer an seine Verleger.

Manfred Bieler

Beton

Nach Thomas Bernhard

Nach ununterbrochener jahrzehntelanger Willensanstrengung, ja Willensüberanstrengung, die mein Gedächtnis naturgemäß auf das Widerwärtigste und Ekelhafteste strapaziert hatte, ohne daß es mir, vornehmlich wegen der ständigen Verspottungsattacken seitens meiner ungewöhnlich geistesfeindlichen und mit Zweiterbezirkobjekten spekulierenden Schwester wenigstens zeitweilig gelungen wäre, meine *Schrift* über Mendelssohn-Bartholdy, dessen *Lieder ohne Worte* mich bereits in den frühesten Jahren meiner Peiskamer Kindheit in ihrer ganzen Wucht getroffen hatten, zu beginnen, geriet ich zuhöchst in einen auch durch die tägliche Einnahme von zwölf Prednisolonpillen und sechs Glyzerintabletten nicht zu beschwichtigenden, bis zum Wahnsinn erregten, sich zur Katatonie steigernden, an Dostojevskis Selbstverdruß, Selbstverleugnung, Selbsthaß, Selbstabtötung und Selbstvergötterung etcetera gemahnenden ekelhaften Atemnotanfall, wie ich ihn zeitlebens zuvor *an keinem Ort der Welt,* nur mehr in der naturgemäß pseudosozialistisch besudelten, unverfrorenen, stumpfsinnigen, verlogenen und niederträchtigen Wiener Kloake erlitten hatte, so daß es, sagte ich mir, letztenendes nur eine Möglichkeit gebe, meine Geistesarbeit über Mendelssohn-Bartholdy ohne peinigendste Begleiterscheinungen zu beginnen, indem ich nämlich dieses Achtundzwanzigmetererstersstockzimmer, das mich, einen Geistesmenschen, in einen ekelhaft weißgestrichenen, nach durchgestunkenen österreichischen Lederhosen etcetera riechenden, eisernen Vorhausfauteuil zwang, der mich bei seinem bloßen Anblick zum erneuten Schlucken von Beruhigungsmitteln nötigte, sofort verlassen müßte, um den naturgemäßen Argwohn meiner Schwester, ich sei, wie sie sagte, unfähig, mich aus der Hölle meines Daseins und dem unzumutbar ekelerregenden Schmutz meiner Geistesambitionen allein herauszuziehen, dadurch zu widerlegen, indem ich den ersten Satz meiner *Schrift* über Mendelssohn-Bartholdy, auch wenn ich keinen Menschen brauche, der mir hilft, sowenig wie ich einem Menschen helfe, der mich braucht, auf einmal niederzuschreiben, um mich nicht von der Lektüre eines idiotischen Wälzers über Mendelssohn-Bartholdy zur Lektüre eines anderen idiotischen Wälzers über Mendelssohn-Bartholy weiterekeln zu müssen.

Ich entschloß mich abrupt, mit Wintergutschein nach Palma zu fliegen, weil es mir neben Peiskam als der allleridealste Ort für die Abfassung meiner *Schrift* über Mendelssohn-Bartholdy erschien, zumal es im Jänner in Peiskam noch zwölf Grad Plus gehabt hatte, wogegen es in Palma im Feber naturgemäß schon dreizehn Grad Plus hatte, ich also befürchten mußte, den widerwärtigen Klimawechsel nicht zu überleben, den ersten Teil der Nacht deshalb mit Schopenhauer, den zweiten mit Nietzsche verbrachte, auf dem Molo frühstückte und mich anschließend wieder ins Bett legte, bis ich gegen Abend auf dem Scheitelpunkt des Nichtlängererleidenkönnens der ekelhaft lärmenden Betonmischmaschinen erwachte und mir sofort notierte: Morgen an die *Lieder ohne Worte* denken.

LOREDANO

Thomas Bernhard

Ernst Strouhal

Naturgemäß

Freilich während er, Bernhard, im Grunde stets nur das Allerfürchterlichste etwa über den Pianisten Glenn Gould schreibe, den er für den wichtigsten Klaviervirtuosen dieses Jahrhunderts halte, so Bernhard in *Der Untergeher,* welchen beim Spielen der Goldbergvariation – naturgemäß – der Schlag getroffen habe, und über einen gewissen Wertheimer, seinen, des Autors, Freund, welcher theoretisch zwar immer schon einer der größten Klavier- und also Existenzvirtuosen gewesen sei, der aber – naturgemäß – praktisch nichts erreicht habe, während Bernhard also darüber zu schreiben vermochte, im Grunde freilich selbstverständlich niemals über etwas zu schreiben vermag, vielmehr sich stets in das nächste Jahr hineinschreibt, sich in seltsam rhythmisierten Satzperioden in den nächsten Herbst hineinstolpert, weil er das Schreiben, wie Gould und Wertheimer das Klavierspielen, zu einer ungeheuerlichen Schreibbesessenheit, zu einem, wie er, Bernhard, sagt, Schreibradikalismus gemacht hat, mußte der Rezensent das Schreiben fast gänzlich aufgeben, da er den unerbittlich erscheinenden Bernhardromanen bereits um ein ganzes Jahr mit seinen sogenannten Rezensionen, die in Wahrheit nichts anderes als die fürchterlichsten Schreibverachtungsrituale sind, hinterherhinke, ein Rückstand, der unmöglich mehr aufzuholen wäre, da er – im Gegensatz zu Bernhard, Wertheimer und Gould – niemals von einem derartigen Schreibradikalismus besessen gewesen sei und immer über etwas schreiben müsse, wogegen Bernhard niemals zu keiner Zeit über etwas schreibe, sondern im Gegenteil. Tja.

Während also Gould das Klavierspielen nicht hat aufgeben müssen, bis ihn der Schlag getroffen hat, haben, ja mußten Wertheimer und Bernhard das Klavierspielen bzw. der Rezensent das Rezensionenschreiben aufgeben, weil sie es nicht zu dieser Ungeheuerlichkeit gemacht haben wie Gould, der – wie Bernhard beim Schreiben – aus dieser Ungeheuerlichkeit nicht mehr herausgekommen ist, der auch gar nicht den Willen dazu gehabt hat, aus dieser Ungeheuerlichkeit herauszukommen. Also verschenkte der Rezensent seine elektrische IBM-Schreibmaschine an eine neunjährige Lehrerstochter aus Kritzendorf, ähnlich Bernhard und Wertheimer im Roman, um nicht mehr von ihr, der elektrischen IBM-Schreibmaschine, gequält zu werden. Das Lehrerskind hat seine elektrische IBM-Schreibmaschine in der kürzesten Zeit ruiniert, den Rezensenten schmerzte diese Tatsache nicht, im Gegenteil, er beobachtete diese Zerstörung mit perverser Lust. Er wollte sich nicht mehr an diesem Instrument vergreifen. Der Lehrer, ein ziemlich primitiver Mann, der mit einer noch primitiveren Frau, ebenfalls aus Kritzendorf, verheiratet ist, hat das Geschenk sofort angenommen. Der Rezensent hatte nicht einen Augenblick an das Talent seiner, des Lehrers, Tochter, geglaubt. Über alle Landkinder von Lehrern wird immer behauptet, sie hätten Talent, vor allem Schreib- oder Musiktalent, aber in Wahrheit haben sie für nichts Talent, alle diese Kinder sind immer ganz und gar talentlos, und wenn ein solches Kind in eine Flöte blasen oder an einer Zither zupfen oder auf einem Klavier klimpern oder eben auf einer Schreibmaschine schreiben kann, so ist das kein Talentbeweis. Der Rezensent wußte, daß er seine elektrische IBM-Schreibmaschine der absoluten Nichtswürdigkeit ausliefere, und gerade deshalb ließ er sie zum Lehrer, der ihm von Kindheit an bekannt und vertraut ist – eben auch seine Einfältigkeit,.um nicht sagen zu müssen, Dummheit, bringen. Die Lehrerstochter hat sein Instrument, eines der besten überhaupt, eines der rarsten und also gesuchtesten und also auch teuersten, in der kürzesten Zeit zugrunde gerichtet, unbrauchbar gemacht. Aber gerade diesen Vorgang der Zugrunderichtung seiner geliebten elektrischen IBM-Schreibmaschine hatte er ja immer haben wollen, wie er, Bernhard im Roman, die seines geliebten Steinways, was allerdings nachzulesen wäre.

Gerhard Amanshauser

Lesen. Eine Selbstbezichtigung

Du bist in eine Falle gegangen, als du die Einladung der sogenannten *Wiedner Zeitung,* im *Roten Egel* am Rabensteig eine Lesung zu halten, ohne Umschweife angenommen und, den Rabensteig hinuntergehend, den *Roten Egel* tatsächlich schamlos betreten hast, denke ich auf meinem Vorlesungssessel.

Die Einladung der *Wiedner Zeitung* hat mich durch das Telefon, diese indezente Überraschungs- und Überrumpelungsmaschine, gänzlich unvorbereitet getroffen, und ich habe, wie ich jetzt weiß, zu meinem Unglück den sogenannten *Pfänder,* wie ein Städteschnellzug genannt wird, bestiegen, um mich auf servilste Art nach Wien zu begeben, wie ich jetzt auf meinem Vorlesungssessel erkenne.

Die Einladung, im *Roten Egel* am Rabensteig zu lesen, und zwar, was eine deprimierende Verschärfung darstellt, *zusammen mit sogenannten Kollegen* zu lesen, ist überdies durch eine Zeitung erfolgt, die unter den widerwärtigen Wiener Presseerzeugnissen zweifellos das widerwärtigste, unter den infamen das infamste genannt werden kann, denke ich jetzt auf meinem Vorlesungssessel.

Nicht daß die Schreibweise dieser sogenannten *Wiedner Zeitung* irgendwie minderwertiger oder infamer hätte sein können als die Schreibweise der anderen *Organe,* wie sie genannt werden, das wäre ja völlig ausgeschlossen, denn ebensowenig wie die Temperatur einen bestimmten Punkt unterschreiten kann, den *absoluten Nullpunkt* nämlich, wie er bezeichnet wird, ebensowenig kann die Schreibweise, die den absoluten Nullpunkt der Wiener und überhaupt der österreichischen Zeitungen erreicht hat, diese Marke irgendwie unterbieten, denke ich auf meinem Lesungssessel.

Der absolute Nullpunkt der infamsten *Zeitungsschmieraktionen,* wie sie bezeichnet werden müssen, kann nach unten hin auf keine Weise, selbst nicht durch die schamloseste Infamie, unterboten werden, am allerwenigsten in Wien. Was aber die *Wiedner Zeitung* angeht, wie sie genannt wird, denke ich auf meinem Vorlesungssessel, so ist sie unter den Wiener Zeitungen deshalb die schamloseste und infamste, weil sich in ihr die Schmieraktionen am absoluten Nullpunkt der Journalistik mit einer absoluten *Staatsservilität* verbinden und weil unter allen sogenannten Organen an jedem Ort und zu jeder Zeit die *offiziellen,* wie sie sich nennen, immer die niederträchtigsten gewesen sind und sein werden, denke ich.

Dazu kommt, daß ich seit jeher ein Lesungsverächter, ja Lesungshasser gewesen bin. Die abgeschmackte Zeremonie der Literaturlesungen ist mir seit jeher als eine der verkommensten Zeremonien unseres Literaturbetriebs, der nichts anderes als eine *Literaturvernichtungs- und Literaturzertrümmerungsmaschine* darstellt, vorgekommen, denke ich.

Schon wenn die Stimmen meiner sogenannten Kollegen unvermutet im Radio ertönten, bin ich immer sofort aufgesprungen und habe mit einer sozusagen abwürgenden Bewegung den Apparat sofort und auf die radikalste Weise abgeschaltet, oder abgedreht, wie in Österreich gesagt wird, denke ich auf meinem Lesungssessel.

Wer sich aber nicht entblödet, zu einer sogenannten Lesung tatsächlich hinzugehen, zu einer *Dichterlesung,* wie schamlos gesagt wird, wer also den Rabensteig hinunter zum *Roten Egel* geht, in dieses perverse *Literatur- und Musikabtreibungsetablissement,* wird nicht nur dazu gezwungen, die sogenannten Dichter *anzuhören,* also die eigenen Ohren, wie gesagt werden könnte, in Senkgruben für ihre Wort- und Satzmülldeponien zu verwandeln; er ist darüber hinaus dazu angehalten, in ihre schamlos deklamierenden Kunstmäuler zu blicken, ihre teilweise bereits durch grauenvolle Attrappen vorgetäuschten Vorlesungszähne zu begutachten, denke ich auf meinem Lesungssessel.

Du bist tatsächlich den Rabensteig hinuntergegangen, sage ich mir auf meinem Lesungssessel, den Rabensteig hinab zum *Roten Egel,* wo du naturgemäß augenblicklich und unwiderruflich mit sogenannten Kollegen konfrontiert wurdest, die du zu deinem Leidwesen alle schon kanntest, so daß du ihr scheinheiliges Begrüßungslächeln, dieses furchtbare *Kollegenbegrüßungslächeln,* über dich ergehen lassen mußtest, also nicht nur ihre perversen Wortkatarakte, sondern dazu noch die süffisante Impertinenz ihrer Kollegenschaft, die sie dir mit jener österreichischen Gemütsperversität aufdrängen, die in dir noch jedesmal sofortigen Brechreiz hervorgerufen hat, denke ich auf meinem Lesungssessel.

Ich habe mich also, wie gesagt werden muß, nicht entblödet, in Salzburg den sogenannten *Pfänder* zu besteigen, um mich aus dem Todesmuseum, das Salzburg darstellt, nach Wien zu begeben, zum sogenannten *Wasserkopf,* wie in der Provinz gesagt wird, der aber, was die Künste betrifft, eine absolut tödliche *Abtreibungsmaschine* genannt werden muß, denke ich auf meinem Lesungssessel.

Ich habe mir auf dieser erbärmlichen Lese- und Anbiederungsreise eine halbe Stunde lang überlegt, ob ich in den Speisewagen des *Pfänders* hinübergehen soll, um mir einen *St. Laurent* zu bestellen, ein sogenanntes *Stifterl,* wie es in der abgeschmackten österreichischen Verkleinerungsmanie genannt wird. Im Abteil des *Pfänders* habe ich mich aber, wie ich mich jetzt auf meinem Lesungssessel entsinne, daran erinnert, daß ich mich schon einmal, und zwar ebenfalls auf einer schamlosen Lesereise, in einem anderen Städteschnellzug in den Speisewagen begeben habe, um ein sogenanntes *Stifterl St. Laurent* zu bestellen, und daß damals, obgleich ich mich in meinem Speisewagenlehnstuhl vor Ekel förmlich verkrümmte, ein Mann im *Walkjanker,* wie in Österreich gesagt wird, ungeniert mir gegenüber Platz nahm, ein sogenannter *leutseliger* Herr, der jene infame österreichische Leutseligkeit abstrahlte, wie gesagt werden kann, jene durch und durch unanständige *Konversationsobszönität* und *Anbiederungsmanie,* die sich unverzüglich und schamlos auf die Lauer legt. Und daß dann dieser Mann im Walkjanker das Auftauchen einer Bergkirche, die er sogleich mit serviler Beflissenheit als *Maria Waserl* identifizierte, auf rücksichtsloseste Weise dazu benützte, um seinen Konversationsangriff einzuleiten, erinnerte ich mich im Abteil des *Pfänders,* wie ich mich jetzt auf meinem Lesungssessel entsinne.

Maria Waserl wird auftauchen, dachte ich im Abteil des *Pfänders, Maria Waserl* oder eines jener katholischen *Volksverdummungszentren,* die, vom Aussatz der Souvenir- und Devotionalienindustrie befallen, mit ihrer *katholischen Obszönität* naturgemäß die *österreichische Konversationsobszönität* aufstacheln, wie einmal gesagt werden muß. Diesmal also kein *Stifterl St. Laurent,* sagte ich zu mir im Abteil des *Pfänders,* wie ich mich jetzt auf meinem Lesungssessel entsinne, du wirst also diesmal in absoluter, um nicht zu sagen tödlicher Nüchternheit im sogenannten *Westbahnhof* eintreffen und wirst rückhaltlos und unverzüglich mit der Wiener *Kulturvernichtungsmaschine* konfrontiert werden.

Und jetzt, wo ich tatsächlich, wie ich sagen muß, auf schamloseste Weise auf meinem Lesungssessel im *Roten Egel* Platz genommen habe, bemerke ich erst in schonungsloser Nüchternheit, daß jene Konversationsobszönität der Pfänderreisenden und Walkjankerträger eine harmlose Lappalie darstellt, ja sogar für nichts zu achten ist, wie noch manchmal gesagt wird, im Verhältnis zu meiner eigenen *Anbiederungsobszönität* und *Anbiederungsmanie,* die mich dazu gebracht hat, den Rabensteig hinunterzugehen, an dessen Ende jene absolut tödliche *Kulturfalle,* der sogenannte *Rote Egel,* aufgestellt ist. Wie ich mir auf meinem Lesungssessel am Rabensteig überlege, könnte ich jetzt als freier, unbescholtener Mann im *Bräunerhof* sitzen, könnte im *Museum* oder im *Eiles* sitzen, könnte den *Corriere della Sera, Le Monde* oder die *Zürcher* lesen, schamlose Druckwerke auch diese, aber doch im Verhältnis zu einem sogenannten *offiziellen Organ,* wie die *Wiedner Zeitung* es darstellt, weitaus weniger unanständige Organe, wie nicht eigens betont werden muß.

Ich habe mich, so ich auf meinem Lesungssessel im

Roten Egel, auf *den Anbiederungsstrich* begeben, und zwar auf den absolut niedrigsten Anbiederungsstrich, der in diesem absolut lächerlichen Staat und in dieser absolut lächerlichsten Stadt als *offizielle Institution* eingerichtet wurde und sich, wie alle offiziellen Institutionen, weit unter dem Niveau befindet, das sonst mit dem Wort *Strich* verächtlich gemacht wird, so ich auf meinem Lesungssessel im *Roten Egel.*

Wer einmal den Rabensteig hinuntergegangen ist, wer den *Roten Egel* betreten hat, um dort vorzulesen, der ist auf dem endgültigen Weg zum *Staatspfründner,* ist also in eine der Fallen gegangen, die dieser skrupellose, gemeine und niederträchtige Staat aufstellt, um auch die letzten, die noch keine *Staatspfründner* sind, zu *Staatspfründnern* und zu *Staatspfründnerinnen* zu machen, damit er sie dann, hochdekoriert und durch und durch bestochen, auf dem Wiener Zentralfriedhof neben seinen Burgschauspielern deponieren und in einem sogenannten *Ehrengrab* endgültig annullieren und annihilieren kann. So ich auf meinem Lesungssessel am Rabensteig.

Erich Sokol

Holzfällen

MEINHARD RÜDENAUER

Messer

Kammeroper

Personen:
Messer, Bariton
Dame, Sopran
Bajazzo, Tenor

Instrumentalbesetzung:
Flöte (auch Piccolo), Klarinette (auch Baßklarinette), Horn, Posaune, Klavier, 1. Violine, 2. Violine, Viola, Violoncello, Kontrabaß (in der 2. Szene Schellen ad libitum)

1. Szene: *Die Stille*
Ein einfacher, ziemlich dunkler Raum. Nicht zu kaltes Licht. Messer sitzt in einem Ohrensessel in der hinteren Hälfte der Bühne. Mit geschlossenen Augen und angespannten Gesichtszügen. Projektionen von Wörtern und Fäden, die im Raum schweben.

MESSER

Die Wörter, so gefügt.
Sie füllen mir den Raum.
Füllen ihn mit Duft.
Bringen Bewegung, schwingen und schweben
sanft, ruhig. (Küßt zart die Luft)
Den Bajazzo, ich laß ihn wieder kommen.
Die Tage waren schön.

Die Ruhe.
Der milde Glanz.
Die Wiesen voll mit Sonnenflecken.
Und die Augenblicke, in denen sich
in der braunen, schwarzen Erde
Höhlungen, Durchstiche, Tore
geöffnet haben.
Das war doch,
war
von Gott?

Die projizierten Fäden sind allmählich wieder verschwunden. Messer streichelt die geküßte Luft.

2. Szene: *Bajazzo*

MESSER
(Schrickt auf) Bajazzo!

BAJAZZO
(Tritt auf; einfach, vielleicht etwas ländlich gekleidet; nur ein kleines Narrenzeichen ist zu sehen)
Komm, tanz mit mir.
Komm, tanz, komm sing mit mir.
Komm, tanz mit mir.
(Vollführt mit seinen Armen weit ausschwingende und skurrile Tanzbewegungen)

MESSER
(Imitiert Bajazzo widerwillig mit verkrampften kleinen Gesten)

BAJAZZO
Komm, sing mit mir.

MESSER
(Weist ihn auffahrend zurück)
Nein, deinen Tanz will ich nicht.
Narrenschellen will ich nicht.

BAJAZZO
Komm, komm trink, laß uns trinken, laß uns fröhlich sein. Laß uns spiel'n, spiel'n, den Leuten um die Köpfe sausen, ihre Augen verdreh'n.
So sprudelt das Blut, so winkt die Welt.
So fliegen wir über dunkle Ufer.
Nimm den Wein, trink … trink, trink.
(Lallt in hoher Lage)

MESSER
Den Trank hast du mir gereicht.
Den Wein, immer wieder den schalen, eklen Wein.
Nein, den Wein will ich nicht.
Die Narrenschellen will ich nicht.
Nicht diesen Tanz.
Auf deinen Rücken steig ich,
steig hinweg über den Morast.

BAJAZZO
Was du nicht sagst …

MESSER
Ich baue mir mein Haus. Lasse die Gedanken ziehen. Sie fliegen hin und her in meinem Haus. Treten ein. Hier leben sie.
Und die Räume wachsen,
werden von Riesen getragen.
So bau ich mir mein Haus.
So mach ich es.

Bajazzo

Komm, trink mit mir! Und ich trink, trink mit dir.
Spricht dein großer Dichtermund, flieg ich mit,
flieg ich mit.
Komm, trink mit mir.

Messer

Auf deinen Rücken steig ich.
Du Säufer. Erbärmlicher!
Ein Brett nehm ich. Schlag dich.
Mit Füßen tret ich dich. Ah, ah –

Bajazzo

(Schrill) Nein. Selber! Säufst selber!
Säufst, gierst, gierst nach Erfolg,
nach einem Denkmal.
Säufst, gierst, gierst, rotzt.
Wie ich, wie ich, ich auch.
Gierst.
Dein Gesicht sehe ich. Aufgedunsen,
mit tiefen Narben.
Hochmut sehe ich in deinen Augen,
Befehle auf der Zunge.
Aber diese Spiele ...
Fassen wir nach dem Wahren?

(Beginnt nochmals zu tanzen; zaghafter, verschämt; fährt sich mit dem Handrücken über die Augen)

Mein Palast, ein Zirkuszelt ...
Tschak!
So, so zerstör ich dir dein Zuhaus! Tschak!
Bajazzo sagt es dir: Du behältst den Wahn für dich.
Papierene Fäden webst du.
Im Müll landen alle deine Gedichte. Ha!

(Schrilles höhnisches Auflachen. Ab)

Jürg Laederach

Das Verlies. Eine Gradierung

Ganz Österreich entschlüsselt im Augenblick *Holzfällen*. Über dem Verbot des Buches ist das Decodierungsfieber ausgebrochen. Niemand ruht, ehe er das letzte Bernhardfigurenvorbild real in den Alpen, in der Ebene, in der Steppe aufgespürt hat. *Der Italiener,* war das nicht der incognito in Kärnten weilende Pertini, ehe er Staatspräsident wurde?

Ungerührt vom kreissägenden Lärm um *Holzfällen* legt Thomas Bernhard mit *Das Verlies. Eine Gradierung* die neueste Steigerung seiner Werkserie *Der Untergang des Abendgastes* vor. Der Inhalt bestätigt die von vielen Lesern jahrelang gehegte Vermutung und Befürchtung, in Bernhards Weltpersonengeschichte sei bisher der Herr der Kirche noch unbewältigt. *Das Verlies* ist denn auch, in gewohnter Unbarmherzigkeit, dem Papst gewidmet, der dafür bekannt ist, daß er sich oft erkennt, aber selten klagt.

Die Geschichte: Ein die niederen Weihen empfangen habender Priester begibt sich zum frühen Abendgebet in die Dorfkapelle des Fremdenortes Zell am See, wo mit dem Ende des Nachmittags auch der in Zell zur Erholung weilende Papst zum Beten erwartet wird. Dessen erster Adjutant, Monsignore Bronsini, ein begnadeter Beethovensänger, hat sich am Vorabend aus dem venezianischen Nachen, in dem der Papst regelmäßig über den Zeller See zum Beten rudert, ins Wasser gestürzt und wurde vor der Kapelle treibend tot geborgen. Bronsini liegt bereits vorn auf dem Wassertotenkatafalk aus Eiche, während der die niederen Weihen empfangen habende Ich-Erzähler zum Beten niedergekniet ist, aber immer wieder vor dem Gebet aufspringen muß, weil er nur im Gehen denken kann, die Kirche aber, indem sie das Gehen zum Beten mehr und mehr untersagt, offenbar das Denken zum Beten verhindern will.

So wie das Ich wieder denken kann, hat es das erste Wort seines Gebetes vergessen, und so wie es das erste Wort gefunden hat, kann es vor lauter Knien nicht mehr denken.

Es ist allgemein bekannt und allgemein verschwiegen, daß der Papst und Bronsini sich wegen dessen Gestaltung von op. 65 zutiefst gehaßt haben und daß der Papst, mit Bronsini im Nachenheck über den See rudernd, mitten auf dem Zeller See vom Rudern im venezianischen Nachen aufgestanden und „Ich will mich stürzen!" ausgerufen haben soll; daß Bronsini darauf, vom mörderischen Gewissen gepeinigt, des Papstes Absicht am eigenen Leib vollzogen hat. Niemand wagt das so zu erzählen; niemand, wenn nicht der betende Priester im Knien, der die Wunde des Papstes, weil niemand sie auszusprechen wagt, immerzu ausspricht und die Kirche um seinen Ausschluß bittet.

Das Verlies. Eine Gradierung befindet sich auf Seite 170, als der Papst, unauffällig in Anthrazitschwarz, mit einer „silbernen, ewig silbernen Wollkrawatte" die Kapelle betritt. Es entspinnt sich, via den dolmetschenden Küster, zwischen Papst und Priester ein leidenschaftliches Gespräch über das infame Weltganze. Der Papst spricht eine 95 Seiten am Stück dauernde atemlose Schmährede auf die Gesamtkirche und den österreichischen Klerus, der Ich-Erzähler folgt mit einer 76seitigen Hymne auf die Darstellerfähigkeiten dieses Redners, woran eine Endbeschreibung des Papstes, wie er Beethoven anstimmt, sich anschließt.

Ganz zum Schluß legt der Papst, der selber als der große Beleidiger, und nicht als der Beleidigte, auftritt („gradierend, niemals degradiert"), des Ich-Priesters Hand in die erkaltete des „vorn auf dem Zeller Kapellenkatafalk wie ausgebreitet atemholend" liegenden Bronsini und ernennt ihn zu dessen Nachfolger, denn „nur wer, sage ich, die Welt singt, kann, sage ich, nachfolgen hoch". Ehe die beiden engumschlungen sich nach hereingebrochener Nacht zum Nachen verfügen, trägt der Küster ihnen zu, daß der Bürgermeister des Zeller Ortes, der vermeint, der Papst habe auf seinem See das Wasser betreten, sich an einem Maibaum aufgehängt hat, und zwar just während der Papst im Inneren der Kapelle Beethovens *Ah perfido!* gesungen hat.

Die Klage eines Badegastes aus Sonthofen-Ost, der sich in Bronsini und Bronsini in Beethoven erkennen will, hat wegen geringer Ähnlichkeit (Bronsini ist erfunden und tot, Beethoven ist tot und lebt, der Badegast lebt und erfindet) keine Aussicht auf Erfolg. Kardinal Ratzinger hat Bernhard zu einem Gespräch über „Gefangenschaftstheologie" in die Verliese des Vatikans eingeladen, wo, so Ratzinger, „die Möglichkeit, Romane zu sagen, sprunghaft wächst". Österreich hat abermals erleichtert zugeschlagen: Eine weitere Figur ist entschlüsselt, also muß ein weiteres Buch verbleiben, als wäre es nicht.

Manfred Koch

Behinderte Ermittlungen

Meine Erkundungen über Schneewittchen, müssen Sie wissen, mein Herr, haben bis heute zu keinem genaueren Bild von Person und Begebenheiten führen können. Zwar habe ich sieben Wochen hindurch jeden der sieben Zwerge auf das peinlichste befragt, in Einzelgesprächen zuerst, später in kleinen Gruppen, noch später alle sieben gemeinsam, danach wieder jeden Zwerg einzeln, ich habe auch immer wieder auf die unumstößliche Verpflichtung zur Wahrheit hingewiesen, manchmal sogar unter Androhung drakonischer Strafen, wie Daumenschrauben, Elektroschocks und spanischer Stiefel, dennoch bin ich, so vermute ich, mein Herr, der Wirklichkeit kaum einen Schritt näher gekommen. Nicht nur, daß es sich, wie ich leider annehmen muß, mein Herr, bei mindestens vier der mir als Die Sieben Zwerge vorgeführten sieben Zwerge gar nicht mehr um die Originalzwerge handelt, sondern vielmehr um später zu dieser Gruppe dazugekommene Ersatzzwerge, welche die Zahl der sieben Zwerge trotz mindestens vier, wenn nicht sogar fünf oder sechs Todesfällen in der mittlerweile allgemein bekannten und beliebten Höhe halten sollten, und nicht nur also, daß ich infolge dieser von mir angenommenen Umstände vermutlich mit nur einem, zwei oder höchstens, allerhöchstens, mein Herr, drei Originalzwergen sprechen konnte, wobei es naturgemäß äußerst schwierig ist herauszufinden, welcher der sieben Zwerge nun ein Originalzwerg und welcher ein Ersatzzwerg ist, stellte sich außerdem heraus, daß sich keiner der sieben Zwerge, sei er nun Ersatzzwerg oder Originalzwerg, ebensowenig an die Vorfälle erinnern konnte oder wollte wie an die Person Schneewittchens. Während sie der erste Zwerg als ungefähr sechzehnjähriges Mädchen mit langen, blonden Zöpfen schilderte, beschrieb sie der zweite Zwerg als zwanzigjährige Brünette, zwei andere Zwerge, wobei ich noch einmal darauf hinweisen muß, mein Herr, daß ich nicht herausfinden konnte, ob es sich um Originalzwerge oder bereits um Ersatzzwerge handelte, diese beiden Zwerge meinten also sogar, Schneewittchen hätte, was ja wohl ganz und gar unglaubwürdig klingt, schwarze, struppige Haare gehabt und sei bereits Ende Dreißig gewesen, wohingegen der fünfte Zwerg behauptete, Schneewittchen sei ein zehnjähriges Kind mit rotblonden Locken und Sommersprossen gewesen, der sechste Zwerg konnte oder wollte sich nur an die angeblich außergewöhnlich schönen Beine Schneewittchens erinnern, und der siebte Zwerg beharrte darauf, sie habe Mundgeruch gehabt. Mundgeruch, mein Herr, Schneewittchen und Mundgeruch! Ich bin Ihnen dankbar, mein Herr, daß Sie sich auf die kurz vor dem endgültigen Abbruch meiner so fruchtlosen Ermittlungen von mir in letzter Hoffnung aufgegebene Anzeige gemeldet haben, um mir als ehemaliger Märchenprinz, späterer Ehemann und nunmehriger Witwer Schneewittchens die ganze Wahrheit über Schneewittchen zu berichten. Ich danke Ihnen, mein Herr, ich danke Ihnen vielmals.

MICHAEL STADLER

Theatermachen und Fliegenfangen. Eine Erregung

Während alle auf das Sterben des reichen Mannes warteten, der ihnen versprochen hatte, nach der Premiere gegen fünf vor zwölf zu ihrem Abendessen zu kommen, beobachtete ich die bereits Anwesenden von einem sogenannten Ohrensessel aus und dachte, daß es ein gravierender Fehler gewesen ist, die Einladung hierher anzunehmen, so wie es ein noch gravierenderer Fehler, vielleicht sogar der gravierendste Fehler überhaupt, gewesen ist, für die Festspiele in Maria Zalzburg Theater zu machen. Die Festspiele, sogenannte Festspiele, von Maria Zalzburg, dieser ausgetrockneten Oase der Kultur, sind die schlechtesten Festspiele der Welt. Wie hasse ich diese Festspiele und liebe sie doch wie keine anderen, die Festspiele in Maria Zalzburg, diese Musik- und Literaturzertrümmerungsinstitution mit dem Festspielhaus, diesem Siechenhaus des dramatischen Dilettantismus.

Trotzdem habe ich mich sozusagen entschlossen, sogenanntes Festspieltheater zu machen, zumal Claude Peyermann, einer der besten Theaterleute, ein deutsches Genie, ein deutsches Theatergenie ersten, ja allerersten Ranges, wie man allgemein meint, ein Theaterbesessener erster Klasse, mein gemachtes Theater sozusagen in Festspielszene von Maria Zalzburg setzt.

Was aber schreiben die österreichischen Zeitungen, die allerschlechtesten Zeitungen auf der Welt, in denen die Niedertracht auf die höchste Höhe, auf die allerhöchste niederträchtigste Höhe gebracht ist? Sie schmieren die allerschlechtesten nur denkbaren Artikel, die kursivsten Glossen mit dem infamsten und gleichzeitig dümmsten Inhalt. Die Leser fressen die österreichische Zeitungsschmiererei vom Fliegenkrieg, eine geschmacklose und gleichzeitig fürchterliche Geschichte, gierig in sich hinein. Der Geruch von Sautrank fräße sich in das Landestheatersamt, dieses samtene Theatersamt, ein untheatralisches Samt, aber die österreichische Nase ist eine gute Nase, die Österreicher insgesamt haben gute Nasen, wenn man bedenkt, was sie im Lauf der Zeit in sich hineingerochen haben, in sich hineinriechen mußten, weil Österreich allgemein und österreichische Zeitungen speziell Duftvernichtungsinstitutionen sind. In Wien, der sogenannten Bundeshauptstadt, wie man allgemein meint, weckte Peter Wecker bei den Österreichern den Geschmack für den Geruch von Katzendreck, eine spießbürgerliche Kulturzertrümmerung einer Theatermacherlandschaft, einer vom Staat niederträchtig flurbereinigten Theatermacherlandschaft, für die Theatermachen, wirklich theatralisches Theater machen, nicht der Mühe wert ist.

Ein beamteter Arzt, ein sogenannter Amtsarzt, Österreich ist überhaupt das Land mit den schlechtesten Amtsärzten der Welt, ein solch beamteter Arzt gab allen Ernstes zu bedenken, daß Fliegen im Theater Krankheiten übertragen könnten, als ob Österreichs Theater nicht schon längst krank, schwerkrank, ja sogar schwerstkrank wären. Diesen Zustand können auch harmlose Fliegen nicht verschlechtern, sogenannte Eintagsfliegen, Österreich hat ja, wie allgemein bekannt, die eintäglichsten Fliegen der Welt und darum auch die besten Fliegen und schlechtesten Theater der Welt. Der beamtete Arzt, ein sogenannter Mediziner, meinte verächtlich, er könne für den Fall, daß die Fliegen nach ihrem Auftritt wieder vollzählig eingefangen würden, sein Jawort geben, was mich in eine fürchterliche Erregung versetzt, eine Erregung, der ich momentan nicht Herr werden kann, die mich veranlaßt, allen beamteten Ärzten, allen medizinischen Beamten, diesen Quacksalbern und Kurpfuschern einer schwerstkranken Kulturnation, mein künstlerisches Neinwort zu geben. Die beamtete Bürokratie und die sogenannten Zeitungen machen die Festspiele von Maria Zalzburg zu Eintagsfliegenzertrümmerungsfestspielen.

Ich mußte wohl in meinem Ohrensessel kurz eingenickt sein, da man während meines Erwachens, bereits bei der Verabschiedung der Gäste angelangt, vom Sterben des reichen Mannes auf dem Domplatz, wo sonst könnte er heute noch sterben, sprach, und ich, grußlos diesem Alptraum entrinnend, in die innere Stadt lief und dachte während des Laufens, daß diese Stadt, durch die ich laufe, so entsetzlich ich sie immer empfinde, immer empfunden habe und immer empfinden werde, für mich doch die beste Stadt ist, immer die beste Stadt war und immer die beste Stadt sein wird, dieses verhaßte, mir immer verhaßt gewesene und mir immer verhaßt sein werdende Maria Zalzburg mit den schlechtesten und gleichzeitig besten Festspielen der Welt.

Friedrich Ani

Nein

Ich freue mich, ich freue mich, wenn ich sagen könnte, wie ich mich sozusagen freue. Ich freue mich. Daß ich Sie treffe. Persönlich. Hier. Ich war ja in Ihrer Lesung. Ihrer Darbietung. Vorhin. Ich bin Journalist. Ich arbeite für die Zeitung. Sie kennen sie. Ich habe über Ihr letztes Buch geschrieben, drei Spalten. Ich war das. Hören Sie mir zu? Es ergibt sich ja selten die Gelegenheit, mit Ihnen zu sprechen, Ihnen sozusagen eine Frage zu stellen. Ihnen auf den Zahn zu fühlen. Ich meine, hinter ein Geheimnis zu kommen, das Rätsel Ihrer Werke. Ich würde Ihnen gern eine Frage stellen. Nur eine, wenn Sie erlauben. Vielleicht zwei. Hier. Ich freue mich, daß ich Sie hier treffe, unter vier Augen. Wie Sie die Zwischenrufer abgefertigt haben! Wie Sie den Dummköpfen begegnet sind! Draußen, im Saal, während Ihrer Anwesenheit auf der Bühne! Ist es nicht dieses Schweigen, das alle Antworten enthält, das Verharren im besseren Wissen, Klarheit, Reinheit, Einheit, Verstörung als Wille, der Irrsinn als Kosmos, müssen Sie nicht Ihre Einsamkeit ausbeuten, um zu überleben, zu über-leben, der Massenmensch wird schließlich erdrückt, nicht der Einsamkeitsmensch, der Massenmensch ist es, der an der Enge zugrunde geht, nicht der Einsamkeitsmensch, der Einsamkeitsmensch überlebt, weil er sich genug ist, was der Massenmensch nicht kennt, naturgemäß, aus der Marktplatzsucht entsteht die größte Verlassenheit, die ein Mensch erleben kann, aus der größten Verlassenheit der grausamste Tod, den ein Mensch erleiden kann, die absolute Grausamkeit am Ende der Marktplatzsucht, die zu gar nichts anderem führen kann als zum Zusammenbruch, erst zum inneren Zusammenbruch, dann zum äußeren Zusammenbruch, erst bricht der Marktplatzmassenmensch in sich zusammen, dann bricht er äußerlich zusammen, der Einsamkeitsmensch ist auf sich selbst zurückgeworfen, von Anfang an, er wirft die Fesseln ab, während er die Einsamkeit ins Unermeßliche steigert, er entpuppt sich, er wächst aus sich heraus und fällt nicht zusammen in sich wie der Marktplatzmensch, der Massenmensch, der sich nicht kennt, nicht kennen will, der sich nicht versteht, sich nicht verstehen will, der sich nicht will, nur die anderen, die anderen, deswegen treibt er sich herum, auf Marktplätzen, wo die Dummheit herrscht, die Monotonie, der Marktplatz als Sammelpunkt des Blödsinns, als Irrenanstalt, ist es nicht die Irrenanstalt, die Sie beschreiben, die Ihr Thema beherrscht, Ihr Denken beherrscht, Ihre Bücher beherrscht, Ihre Autobiographie, die Ihre Bücher sind, verstehen Sie mich, hören Sie mir zu, können Sie mir folgen, jeder Atemzug ein Wort, ist das nicht Ihr Auftrag, wenn es einen Auftrag gibt, für einen Schriftsteller, wie Sie einer sind, ein Lebensschriftsteller, ein Schriftsteller auf Leben und Tod, aus dem Keller heraus ans Licht gestiegen, Stiege für Stiege, ist das nicht Ihr Ziel, Mut, ich meine Lebensmut, Todesmut, todesmutig das Leben erklettern, die Krankheiten übersteigen, das Laken abwerfen und hinausgehen, in die entgegengesetzte Richtung, naturgemäß in die entgegengesetzte Richtung, um auf dem eigenen Weg anzukommen, ist das nicht der Atem Ihrer Bücher, Ihrer Sätze, die nicht mehr aufhören, solange Sie leben und also schreiben und also dem Leben Wörter abtrotzen, ist das nicht die Ursache Ihrer Hoffnung, die Ursache Ihres Noch-Lebens, der Schriftsteller als Arzt aller Ärzte, als Psychiater aller Psychiater, ist das nicht die Wahrheit, ich freue mich, ich freue mich, daß ich Sie das fragen darf, hier, nach Ihrer Lesung, Ihrer Darbietung Ihres Lebens in Wörtern, gleichförmig wie das Heben und Senken des Brustkorbs, der schon abgeschriebene Körper wird durch das Schreiben zum Leben erweckt, aufgeschreckt sozusagen aus der Lethargie des Wahnsinns, ist das nicht die Antwort auf die Fragen, die Sie uns stellen, uns, die wir allein damit zurechtkommen müssen, wie Sie allein damit zurechtkommen müssen, die Fragen zu formulieren, um die Zukunft zu formulieren, woran denken Sie jetzt, woran denken Sie immer, wenn Sie denken, Sie kreisen um eine Verrücktheit, von der Sie besessen waren und besessen sind, wie ich mir denke, da Sie nicht aufhören damit, den Kreisel zu drehen, sagen Sie mir, bevor Sie wieder hineingehen, hinausgehen, in den Saal, von hinten in den Saal gehen, um den zweiten Teil Ihrer Lesung zu bewältigen, sagen Sie mir, bevor Sie keine Zeit mehr haben werden, weil man Sie nicht zu Wort kommen lassen wird, sagen Sie mir, ist es das Schweigen, das Sie sprechen läßt, sagen Sie es mir, bevor Sie jetzt herauskommen, bevor Sie jetzt die Spülung betätigen und dem nächsten Platz machen, sagen Sie mir, ist es das, was Sie wollen?

Thomas Bernhard (während er aus der Toilette kommt und in den Saal zurückgeht, ohne sich die Hände gewaschen zu haben): Nein.

Dieter Lenhardt

Briefe aus der Zukunft

Geborenwerden ist ein Unglück, sage ich immer wieder, und da ich das einundfünfzigste Lebensjahr naturgemäß schon fast fünf Jahre überschritten habe, komme ich mir gemein und charakterlos vor. Sie, Herr Goethe, haben soeben das einundfünfzigste Lebensjahr vollendet. Viele bringen sich im einundfünfzigsten Lebensjahr um, manche im zweiundfünfzigsten, aber mehr im einundfünfzigsten. Eigentlich ist es gleichgültig, ob Sie sich im einundfünfzigsten oder im zweiundfünfzigsten umbringen, denke ich, während ich Ihnen schreibe, an meinem Schreibtisch sitzend. Zuerst hatte ich keinen sogenannten Brief an Sie schreiben wollen, mich aber dann doch dafür entschieden, es war mir auf einmal lächerlich vorgekommen, keinen Brief zu schreiben, nur weil ich Briefschreibeordnungen schon immer gehaßt habe, wie alle Schreibeordnungen außer der meinen. Ich zog nie in Betracht, ich bin nie auf den Gedanken gekommen, daß Ihr Tod, von dem Sie naturgemäß bei Empfang meines Briefes noch nichts wissen können, da jener 22. März 1832 für Sie in der Zukunft, für mich aber in der Vergangenheit liegt, daß Ihr Sterben also ein um 32 Jahre verspäteter Selbstmord gewesen sein könnte. Ich sage immer wieder, daß, wie Goethe schreiben zu können, allen gelingt, die sich vorgenommen haben, berühmt zu werden, wenn sie nur die notwendigen Arbeitsjahrzehnte dafür aufwenden. Wenn alle, die sich berühmt zu werden vorgenommen haben, aber an einen Thomas Bernhard kommen und einen solchen Thomas Bernhard gelesen haben, sind sie gescheitert, gerade wenn sie sind wie Goethe, denke ich, diesen Brief schreibend, aber sonst auch immer. Und da Sie, Herr Goethe, naturgemäß an diesem Tag im Jahre 1800, meinen Brief erhaltend, von Thomas Bernhard erfahren, ist Ihr Selbstmord im Jahre 1832 eine verständliche, wenn auch verspätete Art eines Lebensendes, denke ich, diesen Brief schreibend, an meinem widerlichen Schreibtisch im entsetzlichen Desselbrunn sitzend. Naturgemäß hasse ich Sie, Herr Goethe, wie Sie mich ebenso naturgemäß hassen müssen: Sie mich, weil ich Thomas Bernhard, ich Sie, weil Sie schon tot sind, sich zum Selbstmord spät, aber doch entschlossen habend, viel zu spät, ein wandelndes Kalkwerk, nach überflüssigsten Lebensabschweifungen, die ich mir nicht gestatten werde. Ich bin seit fünf Jahren überfällig, wenn nicht schon länger, ein widerwärtiger Mensch, denke ich nicht nur jetzt, den Brief schreibend, sondern seit meinem zweiten Lebensjahr, widerwärtig, abstoßend, unverschämt und gemein. Sie, Herr Goethe, sind zwar kein Österreicher, nur ein Weimaraner, in Bälde am Frauenplan ansässig, an jener Tafel tafelnd, die mein mir unsäglich verhaßter Vornamensvetter in seiner verkünstelt-manieristisch-unlesbaren *Lotte in Weimar* so dümmlich beschrieben hat als „mit mehr als bürgerlicher Eleganz, mit feinem Damast, Blumen, silbernen Armleuchtern, vergoldetem Porzellan und dreierlei Gläsern für jedes Couvert gedeckt", an jener Tafel somit werden Sie speisen, ganz zu schweigen von den Stoffservietten, ganz anders als unsereins in den österreichischen Gasthäusern, die alle verschmutzt und unappetitlich sind, oft picken noch Haare an den naturgemäß angeschlagenen und zersprungenen Tellern. Vor den österreichischen Gasthäusern hat es mich immer geekelt, denke ich, den Brief schreibend, und ebenso hat es mich geekelt vor der geläufigen Schreibe meines Vornamensvetters, dessen Sätze mir immer wie Speichel, aus eines vorlesenden Autors Mundwinkeln tropfend, erschienen sind. Dieser Speichel kann naturgemäß Ausgangspunkt einer schweren, bösartigen Krankheit sein, die zu grauenhaften Torturen führt, ehe man sich meist unrechtzeitig zum Selbstmord entschließt. In Salzburg, dieser nur auf heimtückisch-tödliche Weise bewohnbaren Stadt der Geschäftemacher und ihrer Opfer, pflegen sich schon die Internatsschüler rudelweise aus den Schlafzimmerfenstern, aus den Abortfenstern zu stürzen oder im Waschraum an den Brausen aufzuhängen, sofern sie es nicht vorziehen, sich vom Mönchsberg auf die Müllner Hauptstraße zu stürzen, wo man regelmäßig die zerschmetterten Menschenkörper liegen sieht, gehäuft allerdings im Frühjahr und im Herbst. Sie, Herr Goethe, werden sich unrechtzeitig zum Selbstmord entschließen, auf das qualvollste röchelnd „Mehr Licht", naturgemäß vergiftet, ein schwachsinniger Einfall, da doch Erhängen aufrechter und weniger darniederliegend gewesen wäre, denke ich, an meinem Schreibtisch schreibend. Es wird mir stets rätselhaft sein, wie Sie, meinen Brief empfangen habend, mit der für Sie unerklärbaren Organschwäche von Ihrem Kopf aus, in welchem sich, wie ich denke, tatsächlich viel verheerende Gebrechen vorbereiten, von welchen dann in kürzester Zeit Organstillegungen ausgelöst werden, noch zweiunddreißig qualvolle Jahre untot sein konnten. Merken Sie nicht, wie es Sie schon jetzt fröstelt? Dabei ist Weimar nicht das Salzkammergut, diese kalte und unfreundliche Gegend, in der bis in den Juni hinein geheizt werden muß und ab Mitte August wieder, die aufs perverseste sehr liebevoll als Sommerfrische bezeichnet wird. Es sollen aber, höre ich, manchmal im Café Sacher sitzend, jedoch auch in Weimar alle ohne Ausnahme die rheumatischen Krankheiten haben und im Alter alle krumm und verkrüppelt sein. In Wien, das mich immer wieder deprimiert, sind hingegen die Gedanken der sogenannten Intelligenz krumm und verkrüppelt, die Gedanken in den Köpfen der sogenannten Politiker nicht einmal das. Politiker haben mit einem Kopf, zum Beispiel dem meinigen, nur so viel zu tun, als sie mir auf diesen machen. Tatsächlich, dachte und denke ich immer wieder, haben sie dir auf den Kopf gemacht. Sie haben dir auch heute wieder auf den Kopf gemacht, wie sie dir immer auf den Kopf gemacht haben. Aber du hast dir, dachte ich an mich selbst, auf den Kopf machen lassen, wie Sie sich, Herr Goethe, von Ihren Großherzogen und -innen auf den Kopf machen lassen, daran vermutlich gar nicht denkend und das Gemachte gar nicht bemerkend. Ich habe im Lauf der Zeit gelernt, wie man zurückmacht, immer mehr Politiker haben einen Kopf, auf den ich schon irgendeinmal gemacht habe, während Sie, Herr Goethe, statt unverzüglich nach Salzburg zu reisen und sich dort vom Mönchsberg herabzustürzen, weitere zweiunddreißig Jahre zuzubringen gedenken, ein Werk wie *Faust* hinterlassend, das ich im Grunde verabscheue und nur mit Bernhard Minetti in der Hauptrolle ertragen konnte, weil ich dann den Text nicht verstehe, also ihn auch nicht zu verabscheuen brauche. In Ihrem *Werther* mißfällt mir alles außer dem Ende, der Schluß mit Kopfschuß und Kein Geistlicher hat ihn begleitet. Der junge Mann im blauen Frack mit gelber Weste und ausgetretenem Gehirn hätte sich, denke ich, an meinem Schreibtisch sitzend, auch auf der Müllner Hauptstraße gut ausgenommen, ein Fleischklumpen in bunten Kleidungsstücken, der Jahreszeit entsprechend. Obwohl noch nicht einundfünfzig, scheint mir dieser Werther ganz entschieden jenen sich kopflos multiplizierenden Österreichern oder gar Salzburgern vorzuziehen, deren Fundament die stumpfsinnigste Heuchelei ist. Wien, in das niemals zu kommen Sie, Herr Goethe, das unverschämte Glück hatten, darf überhaupt als der größte Friedhof der Phantasien und Ideen bezeichnet werden, in dem Genies zu Tausenden verkümmern. Selbst ich hatte äußerste Mühe, zum Vorschein zu kommen, in welchem ich mich nun befinde, beschämt, nicht mit einundfünfzig Selbstmord begangen zu haben. Naturgemäß bringt man sich in diesem Alter um, in Österreich überhaupt, in Salzburg fast lückenlos, sofern man sich nicht schon in jüngeren Jahren an den Brausen aufgehängt hat. Ihnen, Herr Goethe, riete ich zum Strick, wenn ich nicht wüßte, was Sie jetzt durch mich auch wissen. Als Minister sind Sie natürlich eine besonders primitive, arrogante, moralzertrümmernde Figur, sage ich, an meinen Schreibtisch geradezu pervers gefesselt und auf plumpe Weise denkend, Ihnen, Herr Goethe, am 20. Jänner 1986 schreibend und Ihnen zu Ihrem einundfünfzigsten Geburtstag keineswegs gratulierend.

Andres Müry

Hommage à Bernhard

A. M.

Wie haben Sie geschlafen, Herr Bernhard ?

Bernhard

Wie ich geschlafen hab'? Also, das ist doch bekannt, daß ich ewig schlaflos bin vor Angst, daß mir die Stadt Wien im Schlaf Zebrastreifen auf die Augenlider malt …

Schaffler

Ober, ein Glas Milch.

Bernhard

… Aber im Ernst, der Montaigne, der war ein ewig schlafloser Mensch, der hat sich jede Nacht zu seiner Concierge hing'hockt und alle Thunfischdosen aus ihrem Vorratskammerl aufgemacht …

A. M.

Thunfischdosen?

Bernhard

… Das hat ihn beruhigt. „Meine Brüder …", hat er dann noch gemurmelt und ist in sein Kammerl z'ruck und hat einschlafen können …

Schaffler

Und die Frau ist dann an Thunfischvergiftung gestorben.

Bernhard

Nein, an Milchvergiftung.

A. M.
Was halten Sie von Heiner Müller?

BERNHARD
Was woll'n Sie hör'n? Zu dem Müller fällt mir nix ein.

A. M.
In seiner Büchnerpreisrede …

BERNHARD
Ein Schmarrn …

A. M.
… hat er Beckett als den „Pillenknick der neueren Dramatik“ bezeichnet …

BERNHARD
Ja, was soll denn das heißen, Pillenknick? Wenn der Beckett der Pillenknick ist, dann ist der Müller die unbefleckte Empfängnis … die salonsozialistische unbefleckte Empfängnis, und dann geht dieser Herr Müller her und ißt mit dem Herrn Weizsäcker zu Mittag deutsche Nudelsuppe …

A. M.
Haben Sie damals mit dem Scheel nicht zu Mittag gegessen?

BERNHARD
Da wär mir doch die Zeit zu schad' gewesen. Was hätt' ich reden soll'n mit dem Scheel? Und deutsche Nudelsuppe würd' ich eh mit niemandem essen, vielleicht eine japanische Nudelsuppe, wenn ich mit dem Unseld hinfahr' …

A. M.
Nach Japan?

Bernhard

Ja, Japan, der Unseld bringt mich jetzt in Japan heraus. „Die *Verstörung* zuerst!“ hat er gerufen. „Das japanischste Ihrer Bücher!“, aber als ich dann gefragt hab’, was heißt *Verstörung* auf japanisch, da hat er zugeben müssen, daß es das Wort *Verstörung* auf japanisch gar nicht gibt. Da hab’ ich gesagt, dann nennen Sie’s halt *Harakiri*... (Auf Schaffler zeigend, der in einem Zug seine Milch austrinkt) Schauen S’, jetzt hat er wieder sein Stroheimprofil, neulich bin ich mit dem Peymann hier gesessen, und da ist die über 90jährige Mitzi Schrammel vom Judentisch herübergekommen und hat sich dem Peymann als professionelle Sadistin für das Burgtheater angeboten, die Mitzi Schrammel, die wo der Stroheim vor über 60 Jahren extra nach Hollywood bestellt hat für seine sogenannten Altwiener Luxusbordellszenen, die dann kein Mensch hat sehen dürfen, weil diese Ungeheuerlichkeiten sofort aus dem Film herausgeschnitten und vernichtet wurden, und der Peymann hat natürlich nix Besseres g’wußt, als mit Kunstzensur und dem sogenannten Faßbinderstück anzufangen, und ich hab’ noch den Fehler gemacht zu erzählen, daß ich groteskerweise mitschuld bin an diesem sogenannten Faßbinderstück, 1975 bin ich nämlich mit dem Améry in der Bar vom „Frankfurter Hof“ gesessen, der Améry hat mit mir über die *Ursache* sprechen wollen, die grad’ erschienen war, und da ist so einer mit fettigen Haaren, daß einem gegraust hat, am Nebentisch gesessen, und der Améry hat geglaubt, er tut mir was Gut’s und stellt mir den Faßbinder vor, „Was für ein Binder?“ hab’ ich nur gefragt, wir haben nix miteinander gesprochen, der Faßbinder hat bloß aufmerksam zugehört, wie mir der Améry eine Predigt gehalten hat, daß man über Salzburg und die Salzburger nicht so schreiben dürft', wie ich das in der *Ursache* getan hätt', es seien schließlich nicht alle Salzburger Nazis gewesen, es habe auch koschere Salzburger gegeben, und der Faßbinder hat das alles fleißig aufnotiert, und am nächsten Tag ist er dann nach New York geflogen und hat auf dem Flug dieses sogenannte Faßbinderstück zamm'gschmiert, wie er dem Améry auf einer Postkarte geschrieben hat, aber die Postkarte hat den Améry nie erreicht, weil der Améry sich zwischenzeitlich in Salzburg umgebracht hat, ich hab's aus dem Fernsehen erfahren, nachdem ich mich grad' noch wahnsinnig über seine Besprechung im *Merkur* geärgert hab', weil der Améry nix, aber auch gar nix von der *Ursache* begriffen gehabt hat, und da geht er hin und bringt sich in Salzburg um, und der Faßbinder geht hin und schmiert sein sogenanntes Faßbinderstück zamm', das der Peymann anscheinend für große Kunst hält. „Ja dann spielen Sie doch das Faßbinderstück, an den Karl-Lueger-Ring gehört's auch hin!" hab' ich laut gerufen, so daß alle Juden vom anderen Tisch zu uns herübergeschaut haben, das ist dem Peymann natürlich peinlich gewesen, er hat angefangen, von seinen Schweizer Baumwollunterhosen Größe 5 zu schwärmen, den sogenannten Gebirgswollunterhosen oder Montblanchosen, und die Mitzi Schrammel hat erzählt, wie sie dem Stroheim für ein Verlobungsbankett, das in einer Stephansdomattrappe gespielt hat, fünfzig Paar seidene Unterhosen mit dem kaiserlichen Monogramm für die Statisten hat mitbringen müssen, „Seidene Unterhosen und Baumwollunterhosen, das ist der Unterschied zwischen Bochum und Wien", hab' ich sofort gedacht, aber nicht ausgesprochen, und da sind mir wieder die selbstgewebten Winterunterhosen von dem Heidegger eingefallen und der Heideggerwitz, den der Augstein überall in Hamburg herumerzählt hat …

SCHAFFLER

Ober, noch ein Glas Milch.

BERNHARD

… Der Heidegger träumt, er geht als ein Stück Schwarzwäldertorte verkleidet an die Lörracher Fasnacht und betritt, weil er auf's Häusel muß, eine Konditorei. Da fährt eine riesige Kuchengabel, die von einer noch riesigeren Frauenhand gehalten wird, auf ihn zu und spießt ihn auf. „Ich bin doch der Heidegger! Ich bin doch der Heidegger!" ruft er verzweifelt, aber die Frau glaubt ihm nicht. Wie er schon zwischen ihren riesigen wulstigen Lippen schwebt, kommt ihm die rettende Idee: er zieht seinen Führerschein heraus und wird wieder heruntergelassen … (Schaffler trinkt wieder in einem Zug seine Milch aus. Zwei als Scheichs gekleidete Saudis durchqueren den Raum)… Entweder wir werden eh gleich in die Luft gesprengt, oder der Schaffler und ich, wir erwürgen uns gegenseitig. In beiden Fällen sind wir hoffentlich gleichzeitig tot …

SCHAFFLER

Danke, danke.

BERNHARD

… Aber im zweiten kommt noch die Zunge bei beiden gleichzeitig heraus, und dann geht irgendwer her und klammert die beiden Zungen mit der Heftmaschine zusammen …

LUTZ HAGESTEDT

Der große Coup

Ein Nachschlag zur Peymann-Affäre

Es war ein kaltes, verregnetes Wochenende, als Thomas Bernhard, das *Enfant terrible* der österreichischen Literaturszene, und Claus Peymann, der Wiener Burgtheaterdirektor, auf einem Bauernhof im oberösterreichischen Ohlsdorf zusammentrafen. Bernhard hatte den ganzen Tag, schmerzhafte Creatur, mit dem leidigen Hauptweh im Dunkeln gelegen und mehrmals würgen und speien müssen, wie's bei schweren Anfällen ist, aber gegen den Abend kam Besserung unverhofft und fast plötzlich. Peymann war zu Fuß gekommen und saß – erschöpft wie ein Pilger – im Dämmer auf dem Roßhaarsofa, eine Sportmütze übers Ohr gezogen, käsig das Gesicht und mit der Stimme, der Artikulation eines Schauspielers.

In dieser Nacht wurde ein denkwürdiger Pakt geschlossen, in dieser Nacht tranken Peymann und Bernhard Brüderschaft, entdeckten ihre gemeinsame Disposition zum polemischen Diskurs und sprachen über ihre geistig-künstlerische Seelenverwandtschaft: „Es ist schon so ein Verhältnis mit uns, zum Du sagen. Ihr sagt lauter Dinge, die in mir sind und aus mir kommen." Peymann, noch zwischen dem brüderlichen „Du" und dem ehrfurchtsvollen „Ihr" schwankend, erbat sich von Bernhard den Text für ein fingiertes Interview, das wie ein Blitz in die Niederungen Niederösterreichs, speziell in das Burgtheater, einschlagen sollte.

Bernhard, das Genie, zog fröstelnd die Wolldecke um die Schultern und blickte nachdenklich in den gelblichen Auswurf: „Einst hatte ich eine einzigartige Vision. Ich sah, daß ein neuer Burgtheaterdirektor in das Haus am Ring stand, daß ein neuer und frischer Wind gegen das Burgtheater blasen und aus dem Burgtheater alles Fürchterliche, Abgestandene, längst Tote, also alles mit den Jahren nur noch widerlich und abstoßend und ganz einfach scheußlich Gewordene aus dem Burgtheater hinausblasen werde. Es war ein Irrtum, denn ich sah nicht, daß hier nicht ein Künstler, ein Genie, sondern ein Herkules kommen mußte, um diesen gigantischen Augiasstall auszumisten."

Und er räsonierte über die Dummheit und den Größenwahn der Schauspieler, über die verquasten Hirne der Kulturpolitiker, über die Auskotzstücke von Kollegen und über die Theaterboutiquen von München, Hamburg und Berlin. Der Text erschien, als Peymann-Interview getarnt, am Donnerstag nach Pfingsten in der *Zeit*.

Das stilisierte Interview, ein komödiantisches Meisterwerk aus einem Guß, hat viel Mehl aufgewirbelt, mit dem die Wiener ihren berühmten „Schmarrn" zubereiten, der den Nachteil hat, daß er die Gehirne verkleistert. Kein Wunder also, daß Österreich die Chose nicht durchschaut und seiner Empörung Luft gemacht hat. Bei Nußbeugerln und Melangen wurde Kriegsrat gehalten, die Staatskrise war da: „Schdöö da fua, der Waldheim soll eam soga geküßt ham, bled wia is."

Die Wiener *Presse,* die sich den Kopf der Welt dünkt und nur ihr Schreihals ist, ließ auf der Leserbriefseite die Vaterländische Front aufmarschieren, Mock und Schmock echauffierten sich gleichermaßen, die Journalisten lauerten Bundeskanzler Vranitzky auf, um ihm die Entlassung der Unterrichtsministerin abzupressen. Vranitzky aber (Gott hat Österreich diesen Bundeskanzler geschenkt) verwies den ganzen Schmäh auf das Terrain der Kunst, wie schlau!, denn in der Kunst gibt es nichts Anstößiges, Kunst ist nicht satisfaktionsfähig. Genau das ist hinwiederum der Grund dafür, warum Peymann bis heute die Tantalusqualen ausgehalten und den eigentlichen Urheber des Interviews, Thomas Bernhard, nicht preisgegeben hat. Denn auch Peymann weiß, daß wir in der Kunst um das wahre Leben betrogen werden, daß hier kaum noch Tabus verletzt werden können, daß Skandale hier ein kurzlebiges und fruchtloses Afterleben führen.

Außer Claudia Erdheim, Logikerin und Verfasserin des Wiener Universitätsromans „Ohnedies höchstens die Hälfte", hatte niemand Lunte gerochen. Benjamin Henrichs wehrte sich in der *Zeit* gegen eine massive Regung seines Unterbewußtseins. Henrichs' Ubw hatte es nämlich auch geahnt, daß „der Theatermacher Claus Peymann eines Tages naturnotwendig die Grenze zwischen dem wirklichen Claus Peymann und dem Thomas-Bernhard-Peymann überschreiten würde". Währenddessen redeten sich die Feuilletonisten Marcel Reich-Ranicki und Hellmuth Karasek im ZDF-Fernsehstudio völlig ahnungslos den Mund fusselig, traten das Burgtheater und sein Ensemble – wie immer – auf der Stelle und boten erhitzten Gemütern das schwarze Brett zur Entblödung dar. Die empörten Schauspieler, die das Denken plötzlich nicht mehr den Lipizzanern überlassen wollten, forderten erst Peymanns Kotau, dann seinen Kopf. Herausgekommen ist bei der ganzen Affäre nicht Peymanns Psychogramm, sondern ein Psychogramm des Abendlandes nach dessen Untergang.

Und René Müller? Der Mann war schnell bereit, seinen schönen Namen für die gute Sache herzugeben. Als Belohnung durfte er in Peymanns Loge die Neuinszenierung von *Ödipus Tyrann* (mit Ritter, Dene, Voss) ansehen, als Bundespräsident Waldheim hereinkam und ihn küßte – auf den Mund.

Die Schilderung des Ohlsdorfer Geheimtreffens verdankt der Verfasser dem ehemaligen Gymnasialprofessor Dr. phil. Serenus Zeitblom (vgl. Thomas Mann, „Doktor Faustus", Kap. XXV). Einige wortgewaltige Beiträge der Herren Karl Kraus, H. C. Artmann und – last but not least – Thomas Bernhard und Claus Peymann wurden vom Verfasser freimütig collagiert.

Jürg Amann

Bernhard, Peymann, Beil

Ein minimales Dramolett

Zeit: in zwanzig Jahren.

Ort: auf einer Parkbank im Altersheim.

Personen:
Bernhard (heruntergekommen)
Peymann (dick)
Beil (ein eleganter Herr)

Bernhard
Endlich sind wir allein.
Wir brauchen die anderen nicht.
Wir machen jetzt das Theater im Kopf,
von dem wir immer gewußt haben,
daß es besser ist
als das Theater auf dem Theater.

Peymann
Stuttgart, Bochum, Wien,
es war immer das gleiche.
Immer nur dich inszeniert
statt mich.

Beil
Immer nur Striche
in deine Stücke gemacht,
statt eigene Stücke.

Bernhard
Jetzt ist alles vorbei.

Herbert Vorbach

Abspeisung. Ein Erbrechen

Gehen Sie niemals in ein Linzer Ausflugsgasthaus, wie ich das manchmal tun muß, sagte ich zu Franz Joseph, denn diese Gasthäuser, die ja eigentlich mehr Wirtshäuser sind, können nur als abstoßend bezeichnet werden. In diesen Häusern passen die Fenstergrößen nicht zu den Stuhllehnen, die Farbe der Teller paßt nicht zu den Geräuschen der Türen, die Eingänge sind infolge ständiger Anbauten entweder zu weit links oder zu weit rechts, die Kellnerinnen kommen entweder zu spät oder zu früh, verwechseln aber in beiden Fällen die Bestellungen, die Gasträume sind entweder zu klein oder zu groß, und die Toiletten sind immer zu weit weg.

Dabei liegen die Linzer Ausflugsgasthäuser meist in einer sehr schönen Landschaft, so ich weiter zu Franz Joseph, das ist ja das eigentlich Impertinente an diesen Häusern, daß sie die Landschaft verschandeln mit ihrer Monströsität, eine Landschaft, die man ohne Übertreibung als lieblich bezeichnen kann. In die liebliche Linzer Umgebung stellen gewissenlose Grundstückserben ohne die geringsten Hemmungen die scheußlichsten Ausflugsgasthäuser hin, und mit der größten Selbstverständlichkeit beuten sie dann die Landschaft aus, das ist die Wahrheit. Besonders schlimm ist dabei, daß sie diesen Gasthäusern erdnahe und volkstümliche Namen geben, die immer nur freche Lügen sind, da diese Häuser in Wirklichkeit nicht erdnah, ja nicht einmal bodenständig sind, sondern nur geschmacklose Anhäufungen billiger Ziegel, wobei in den günstigeren Fällen einige alte Mauerreste einbezogen werden mußten.

Die monströsen Häuser werden nun mit allerlei ländlichem Kitsch dekorativ ausgestattet, vor allem mit eigens für diesen Zweck erzeugten und niemals wirklich verwendeten landwirtschaftlichen Arbeitsgeräten, wie z. B. Heugabeln oder Dreschflegeln, Geräten also, die harte Arbeit bedeuten und daher den Besuchern der Linzer Ausflugsgasthäuser in Wirklichkeit völlig fremd sein müssen, da sie andernfalls die Gesellschaft solcher Geräte kompromißlos meiden würden. Bestenfalls ist es eine sentimentale Nostalgie, die kostenlose Erinnerung an schwer schuftende Ahnen, die den Linzer Ausflugsgasthausbesuchern solche Geräte als eigene und eigentliche Geräte erscheinen läßt, eine durch und durch verlogene Sentimentalität also, denn niemals fiele es den Linzer Ausflugsgasthausbesuchern ein, ihre tatsächlich eigenen Arbeitsgeräte, wie etwa Stichsägen oder Computerbildschirme, an die Wände ihrer Wochenendziele zu hängen.

Wenn nun schon gesagt werden kann, daß in den Linzer Ausflugsgasthäusern schlechthin alles geschmacklos ist, so gilt dies in besonderem Maße für die Speisen, sofern man dieses noble Wort überhaupt gebrauchen kann im Zusammenhang mit dem in den Linzer Ausflugsgasthäusern servierten Essensramsch. Da es sich immer um Massenabspeisungen handelt, kaufen die Wirte ihre Zutaten, die man besser Untaten nennen sollte, natürlich nur in den Linzer Großhandelsgroßmärkten ein und auch da vorwiegend im Rahmen sogenannter Sonderangebote, ohne die man die betreffenden Eßwaren nicht einmal dort loswürde. Wir können von Glück reden, wenn wir uns in den Linzer Ausflugsgasthäusern nicht vergiften, sagte ich weiter zu Franz Joseph, vom Nährwert der Nahrung ohnehin ganz zu schweigen. Die Linzer Ausflugsgasthausbesucher essen diese Minderwertigkeiten aber mit dem größten Vergnügen, wenn man sie ihnen nur ausreichend würzt, und das heißt in diesem Falle sie ihnen übermäßig würzt, so daß sie zum eigentlichen Geschmack bzw. zur eigentlichen Geschmacklosigkeit dieser Nahrung gar nicht vordringen und letztlich das Gewürz mit der Nahrung selbst verwechseln, einer Nahrung, die eigentlich nur Beilage zum Gewürz ist.

Es wäre aber falsch, an den Zuständen in den Linzer Ausflugsgasthäusern nur den Wirten die Schuld zu geben, denn diese Wirte verhalten sich letztlich nur so, wie ihre Gäste es wollen. Diese Gäste pflegen ja selbst die Linzer Ausflugsgasthäuser in rotkarierten Hemden aufzusuchen, die sie gerne „Wanderhemden" nennen, auch dann, wenn sie nur vom Parkplatz ins Gasthaus wandern. In diesen rotkarierten Hemden setzen sie sich am liebsten an Tische mit rotkarierten Tischtüchern, besonders dann, wenn diese Tische vor Fenstern mit rotkarierten Vorhängen stehen. Waren aber die Linzer Ausflugsgasthausbesucher tatsächlich wandern und sind sie davon erschöpft, schauen sie beim Betreten der Linzer Ausflugsgasthäuser erst mit blassem Gesicht aus ihren rotkarierten Hemden hervor, nach einiger Zeit aber, wenn sie genügend Most getrunken haben, ein Getränk, das sich vor allem dadurch auszeichnet, daß es weder Bier noch Wein ist, wenn sie also genügend Most getrunken haben, rötet sich ihr Gesicht, was deshalb so erwähnenswert ist, weil ihr Gesicht auf diese Weise in beiden Fällen farblich zu ihren rotkarierten Hemden paßt, ein Umstand, den die Linzer Ausflugsgasthausbesucher wahrscheinlich als „praktisch“ bezeichnen würden, fiele er ihnen auf. Warum die Linzer Ausflugsgasthausbesucher so gerne rotkarierte Hemden tragen, will ich Ihnen sagen, fuhr ich fort, sie tragen sie, weil sie sich nicht entscheiden können zwischen weißer Selbstzucht und roter Ausgelassenheit, sie wollen wie überall auch hier alles auf einmal haben und das nicht hintereinander, wie es manchmal ja denkbar ist, sondern gleichzeitig, und so legen sie ein rotes Gitter über ihre Selbstzucht und zugleich ein weißes Gitter über ihre Ausgelassenheit, so sind sie doppelt hinter Gittern und glauben, daß sie alles zugleich sind, wo sie doch in Wirklichkeit gar nichts sind. In der Natur gibt es keine karierten Muster, so ich weiter zu Franz Joseph, jede natürliche Substanz, die sich so durchschwindeln wollte, würde in kurzer Zeit untergehen, nicht so aber die Linzer Ausflugsgasthausbesucher, die sich sogar noch vermehren, was endgültig beweist, daß sie völlig unnatürliche Wesen sind.

Wenn Sie in ein Linzer Ausflugsgasthaus gehen, müssen Sie einen fertigen Satz mitnehmen, sagte ich weiter, einen Satz, der Sie zugleich tröstet und stark macht. Nehmen Sie keinen Rettungssatz mit, gehen Sie unter im allgemeinen Wortbrei, werden Sie zerdrückt von der Wucht der in den Linzer Ausflugsgasthäusern ununterbrochen gesprochenen Dummheiten und Banalitäten, mit der allergrößten Selbstverständlichkeit sprechen die Linzer Ausflugsgasthausbesucher ununterbrochen dummes Zeug und vernichten Sie damit, haben Sie keinen Satz mit, an den Sie sich im Notfall, und das heißt dauernd, klammern können, einen Satz, der Sie stark macht und an dem sämtliche Gemeinheiten abprallen, einen wahrhaften Rettungssatz also. Als ich das letzte Mal in einem Linzer Ausflugsgasthaus war, erzählte ich weiter, habe ich mir den Satz „Die Wirklichkeit ist der Feind der Wahrheit“ mitgenommen und habe so alle Geschmacklosigkeiten, die mir an den Kopf geworfen wurden, den ganzen Wortmüll also, unbeschadet überstehen können, ja es war mir sogar möglich, den allgemeinen Stumpfsinn zu bemitleiden, ich habe tatsächlich meine Identität wahren können durch diesen Satz. Das ist mir um so leichter gefallen, als dieser Satz von vornherein ein Gegen-Satz war, denn in den Linzer Ausflugsgasthäusern kommen Wirklichkeit und Wahrheit einander sehr nahe, sind also keine Feinde, sondern Freunde, ein Zustand, der immer dann eintritt, wenn die Wahrheit eine minderwertige ist. Meistens sind Wahrheiten ja Herausforderungen, schloß ich meine Überlegungen ab, in den Linzer Ausflugsgasthäusern ist die Wahrheit aber eine Kapitulation. Wenn anderswo Leute zusammensitzen, wollen sie gemütlich sein, wenn aber die Linzer Ausflugsgasthausbesucher zusammensitzen, wollen sie in erster Linie zünftig sein. Das ist ein wichtiger Unterschied, erklärte ich Franz Joseph, denn während Gemütlichkeit das Gesicht verbreitert, verhärtet Zünftigkeit das Kinn, während Gemütlichkeit vom Humor des einzelnen lebt, bevorzugt Zünftigkeit kollektive Heiterkeitsrituale, die natürlich überhaupt keinen Humor haben, sondern eher militärischen Übungen gleichen, während Gemütlichkeit die Krawatte lockert, krempelt Zünftigkeit die Ärmel hoch.

Man muß dazu wissen, daß das Aufkrempeln von Hemdsärmeln, sofern es in Gesellschaft geschieht, eine beschwörende Handlung darstellt, denn das Entblößen der Unterarme bedeutet das Aufdecken der eigenen Stärke und damit ein Sichausliefern, zugleich natürlich ein Sichaufgeben, das kollektive Hemdsärmelaufkrempeln ist eine annahmeheischende Körperbeichte und entspringt somit einer archaischen Sippensentimentalität, die zu ihrem Gelingen früher oder später einen Außenfeind braucht. Wir können daher behaupten, so ich weiter, daß die Zünftigkeit in ihrer geistigen Wurzel die nationalsozialistische Variante der Gemütlichkeit darstellt. Diese Überlegung wird sofort bestätigt, hört man den Linzer Ausflugsgasthausbesuchern zu, was sie im Zustand aufgekrempelter Hemdsärmel reden. Alle tatsächlichen und damit komplizierten Probleme werden auf persönliche Schweinereien jeweils Nichtanwesender reduziert, in der selbstgefälligen Pose der moralischen Entrüstung werden reihenweise Handwerke gelegt und Köpfe gerollt, gibt es mehrere Lösungen, wird immer die gewaltsame bevorzugt, die als einzige echte Lösung empfunden wird, jede Abwägung wird als Schwächlichkeit denunziert und jede Relativierung als Unentschlossenheit, von allen Möglichkeiten wird sofort und zielsicher die primitivste gewählt, jedes Verstehen wird zur Weltfremdheit und jede andere Meinung zum Vernichtungsobjekt.

Die allgemeine und schamlose Pflege des Unterarm-Exhibitionismus ist um so leichter möglich, da die Linzer Ausflugsgasthausbesucher ohnehin in allen Stilfragen peinliche Dilettanten sind, fuhr ich fort, es sind dieselben Leute, die in ihre Sozialwohnzimmer Bleikristallusterimitationen hängen, in deren gleißendem Licht sie mit dem größten Vergnügen und serienweise jeden amerikanischen Fernsehschmarren verkosten, dieselben Leute, die auf ihre Balkone Pferdehalfter hängen und ewig die gleichen Mühlviertler Hinterhaltbilder in ihre Vorzimmer, ja die Schlimmsten unter ihnen wollen gelegentlich auch noch verrucht sein und montieren in ihren Schlafzimmern rote Glühbirnen, natürlich ohne zu merken, daß sie auf diese Weise nur das ganze Jahr Krampus spielen. In diesem Zusammenhang ist aber auch einmal die Frage zu stellen, ob es denn nur in Linzer Ausflugsgasthäusern so zugehe, die Ausflugsgasthäuser anderswo wären auch nicht besser, könnte man meinen und hätte natürlich recht damit. Wenn wir etwa unseren Blick in die sogenannten Fremdenverkehrsgebiete richten, in die landschaftlich schönsten Gebiete Österreichs also, nehmen die einschlägigen Scheußlichkeiten kein Ende. Ich erinnere mich z. B. an eine grauenvolle Touristenstätte am Wolfgangsee, wo man tatsächlich eine altehrwürdige österreichische Almhütte in einen D-Mark-getränkten Pfuhl der kulturellen Prostitution verwandelt hat, ganze Autobusladungen von Karl-Heinzen und Friedrich-Ottos werden dort samt ihren übergewichtigen Ehegesponsen ausgeladen und sofort der alpenösterreichischen Geldgier ausgeliefert, schon beim Eingang verkauft man ihnen mit der größten Unverfrorenheit die minderwertigsten Musikkassetten mit dem blödsinnigsten Alpengedudel, in Extremfällen verbricht man diese „Musik“ sogar „live“ an Ort und Stelle, man gießt in der Folge rücksichtslos die billigsten Flüssigkeiten in die Karl-Heinzen und Friedrich-Ottos hinein, man stopft ihnen die letzten Speiseabfälle in den Magen, und all das geschieht mit dem Anspruch von Naturnähe und Volkstümlichkeit, dabei ist es doch nur der zynische Ausverkauf österreichischer Lebenssubstanzen, veranstaltet durch bäuerliche Erben, denen die Landwirtschaft zu anstrengend ist, anstatt zu arbeiten gehen diese Leute lieber auf den kulturellen Strich, das ist die Wahrheit. Nicht der achtbare österreichische Alpenmensch gibt dort den Ton an, sondern nur alpenländische Karikaturen, die von ihrer Geldgier völlig verdorben sind und daher auch selber alles verderben und besonders ihre eigene Kultur. Gegen einen solchen Hort der Perversion ist ein Linzer Ausflugsgasthaus geradezu ein Tempel des Geistes, das muß ich sagen, meinte ich zu Franz Joseph.

Der fanatische Provinzialismus, der heute in den Linzer Ausflugsgasthäusern herrscht, hat jedoch nicht nur eine ästhetische, sondern auch eine tragische Seite. Denn was sollen die Linzer Ausflugsgasthausbesucher denn tun, wo sie doch nichts anderes vorfinden als diese übermächtige Volksdümmlichkeit, der sie sofort in die Fänge geraten, wenn sie ausprobieren wollen, wer sie sind. Man kann sogar sagen, daß alles Österreichische in den letzten Jahrzehnten einen Schlag nach dem anderen hinnehmen mußte, schon 1918, als das alte Österreich endgültig unterging, blieb den überlebenden Österreichern nichts anderes übrig, als ihren traditionellen, breiten und weiten Provinzialismus in die Tiefe und Enge zu richten, die weitere Entwicklung des österreichischen Provinzialismus wurde also schon damals abgrundtief angelegt. Was dann noch übriggeblieben ist, wurde schließlich vom Nationalsozialismus, der der größte Österreich-Vernichter war, den man sich vorstellen kann, gründlich und nachhaltig zerstört, der Nationalsozialismus war schon deshalb der größte Österreich-Vernichter, weil er die Primitivität zur Staatsmaxime erhoben hat, während es doch das Kennzeichen des Österreichischen immer war, die Primitivität erst zu privatisieren und dann zu überlisten, was oft genug bedeutet hat, sich selbst überlisten zu müssen, eine Methode, die dem Geist immer wieder zu großartigen Durchbrüchen verholfen hat. Trotzdem ist der Nationalsozialismus in die Abgründe der österreichischen Seele eingefahren wie ein Blitz und hat dort zahlreiche Irrlichter hinterlassen, die bis heute nicht ganz erloschen sind. Nach 1945 aber hat die zunehmende Amerikanisierung ihre verheerende Wirkung bis in die letzten Alltagswinkel entfaltet, und es ist nur ein schwacher Trost, daß Österreich diese Katastrophe, der man fatalerweise auch noch dankbar sein muß, mit halb Europa teilt. Angesichts solcher Schläge ist man am Ende noch versucht zu sagen, daß sogar die alles beherrschende, verlogene Pseudovolkstümlichkeit, wie wir sie beschrieben haben, noch etwas Positives hat, indem sie als Kitsch und als Karikatur zumindest die Möglichkeit eines ernsthaften Gegenübers provoziert, die Ablehnung, die der Kitsch hervorruft, ist eine fruchtbare Kraft in dem Moment, wo sie die Sehnsucht nach etwas Echtem erzeugt.

Wir denken, wir sind klug und über alles erhaben, und wir glauben, wir sind klug und über alles erhaben, doch wir wissen auch, daß unsere Klugheit nur ein vitaler Reflex ist und unsere Erhabenheit nur eine Marotte. In Wahrheit haben wir uns nicht zurechtgefunden in dem uns Vorgesetzten, und dieses Scheitern haben wir geistig formiert und mit der Zeit als unsere eigentliche Heimat erkannt. Die geistige Formierung des Scheiterns erkennen wir als unsere Heimat, und indem wir diese Heimat verteidigen, erkennen wir das Scheitern auch als Notwendigkeit und als Glück. Weil wir scheitern, dürfen wir klug sein, und weil wir klug sind, müssen wir scheitern, unsere Klugheit ist die Kehrseite unserer Schwäche und umgekehrt.

Als Glück und als Notwendigkeit begreifen wir unser Scheitern, denn so haben auch wir unsere Rolle in allem Geschehen zu erfüllen, die vor allem darin besteht, daß wir uns nicht betrügen lassen von den uns angebotenen Wirklichkeiten, wir richten vielmehr unseren kalten Blick auf diese Wirklichkeiten und schützen uns so vor dem Betrug, die Fallen, die überall herumstehen, erreichen uns nicht, wir richten ständig unseren kalten Blick auf diese Fallen und markieren sie und ärgern so immer wieder die Fallensteller. Unsere größte Sehnsucht ist es, uns bei der Wahrheit beliebt zu machen, was oft dazu führt, daß wir dieses Streben selbst schon heiligen, daß wir somit das Intellektuelle heiligen, die Heiligung des Intellektuellen ist unsere Notwehr, ebenso ist unsere Arroganz unsere Notwehr, und auch unsere satirische Wahrnehmung ist unsere Notwehr.

Es ist ein wahres Glück, sagte ich weiter zu Franz Joseph, daß wir zu unserem kalten Blick ein heißes Herz haben, welches uns vorantreibt und uns die Kraft gibt zu unserer Notwehr. Hätten wir unser heißes Herz nicht, müßten wir verzweifeln, so aber treibt es uns voran und verschafft uns das Gefühl einer Identität, die naturgemäß eine sehr schwierige ist, da sie auf der Nichtannahme der Welt beruht, trotzdem haben wir aber unsere Identität, die sehr stark sein kann, wenn sie auch mühsam ist, und so stellen wir uns die Frage, ob unsere Vorstellung von innerhalb und außerhalb, von Annahme und Nichtannahme nicht ebenfalls eine Täuschung ist, denn möglicherweise sind wir in Wirklichkeit innerhalb der Welt und die anderen außerhalb und glauben nur, innerhalb der Welt zu sein, dort sind aber in Wirklichkeit wir, die wir glauben, außerhalb zu sein. Vielleicht sind wir in Wirklichkeit innerhalb und sollen den anderen die Wege zeigen, anstatt sie uns, sagte ich zu Franz Joseph, der mir die ganze Zeit sein majestätisches Desinteresse zugewandt hatte, so daß ich nicht wußte, ob er überhaupt verstanden hatte, was ich meinte.

MORITZ DÜRR

Der Aufhörer

Personen:
Der Violinvirtuose
Die Pediküristin

Raum des Violinvirtuosen. Der Violinvirtuose nimmt ein Fußbad zur Vorbereitung einer Fußpflege. Die Pediküristin tritt auf.

DIE PEDIKÜRISTIN
Kompliment

(Die Pediküristin beginnt mit der Fußpflege)

DER VIOLINVIRTUOSE
Hören Sie auf
Hören Sie auf
Hören Sie auf
Hören Sie auf
Hören Sie auf
Hören Sie auf
Hören Sie auf
Hören Sie

Diese von Ihnen mit Sicherheit
gutgemeinten Komplimente
Diese sogenannten
Lobeshymnen
Diese von Ihnen mit Sicherheit
treffend formulierten
sogenannten Lobeshymnen
erschüttern mich zutiefst

wühlen in mir Erinnerungen wach
Erinnerungen
die für Sie Glücksmomente
Momente sogenannten Glücks
bedeuten könnten
für mich aber
für mich
der ich
eine der bedeutendsten Karrieren
mitteleuropäischer Violinkunst
beendet habe
abgebrochen habe
abgeschlossen habe
für mich sind
diese
diese von Ihnen
mit Sicherheit
mit absoluter Sicherheit
treffend formulierten Hymnen
die größten Verletzungen
die Sie sich überhaupt
vorstellen können

schneller hobeln
schneller hobeln

Das Druckschutzpflaster herunter
herunter das Druckschutzpflaster
Das Druckschutzpflaster
Das Druckschutzpflaster ist
immer im Weg
immer ist das Druckschutzpflaster
im Weg

Die Hornhaut kann nicht
abgehobelt werden
weil das Druckschutzpflaster im Weg ist
Aber sie muß abgehobelt werden
Dem Violinvirtuosen muß
immer zuerst
die Hornhaut
abgehobelt werden
Immer zuerst
die Hornhaut

Aber trinken Sie etwas
Trinken Sie einen Schluck meine Dame

Trinken Sie auf das Wohl
auf das Wohl
aller dieser bemitleidenswerten
Künstler
dieser sogenannten Künstler
die sich immer noch erdreisten
mit ihren Instrumenten
vor ein Publikum zu treten
vor ein Publikum
das nicht würdig ist
die Musik
mein Fräulein
die aus ihren Instrumenten entströmt
wahrzunehmen
aufzunehmen
zu rezipieren mein Fräulein

zu rezipieren

rezipieren
ein Wort
das die sogenannten Musikwissenschaftler
uns immer wieder aufgetischt haben
und insbesondere mir mein Fräulein
insbesondere mir
haben sie es immer wieder aufgetischt
immer wieder mir
mir
der ich im Jahre neunzehnhundertdreiundsechzig
eine der bedeutendsten Musikerkarrieren
eine der bedeutendsten Karrieren
mitteleuropäischer Violinkunst
aufgegeben habe mein Fräulein
abgebrochen
Schluß gemacht damit
fertig
Schluß gemacht

aus

schneller hobeln
schneller hobeln

Die empfindlichsten Organe
des Violinvirtuosen
sind die Füße
Die Gelenkigkeit der Finger
ist Übungssache
Handwerk
Kunsthandwerk
Die Gesundheit der Füße
ist Veranlagungssache
in der Erbmasse enthalten

Talent
Das Talent des Violinkünstlers
offenbart sich in den Füßen
Die Füße das Fundament
Die Finger die Oberfläche
Das Talent des Violinkünstlers
muß gepflegt werden
Voraussetzung
Gründliche Hornhautentfernung
Die Hornhaut ist
der Talentpanzer des Violinkünstlers
Je dicker die Hornhaut
desto dünner das Talent
was außer mir
natürgemäß noch niemand bemerkt hat
[...]

VITUS FUX

Bernhard

Personen:
Bernhard, Cilly, Harry Lime, Jedermann

Ort:
Vor dem Salzburger Dom.

Zeit:
Auf dem Höhepunkt der Bernhard-Rezeption.

Vor dem Salzburger Dom, an derselben Stelle, wo *Jedermann* gespielt wurde und wird. Die Domtüren müssen nicht den wirklichen Salzburger Domtüren gleichen, es genügt, wenn sie von ferne daran erinnern. Die Proportionen sollten ganz andere sein. Verfremdung auch bei den steinernen Figuren neben den Domtüren. Vielleicht auf Gartenzwerggröße reduziert, bunt bemalt. Die mittlere Domtür muß zu öffnen sein.

Links eine Plakatsäule mit einer Tür, wie in dem Film *Der dritte Mann*. Es wäre gut, wenn man von der Plakatsäule aus unbemerkt von der Bühne kommen könnte.

Vor den Domtüren ein sehr flaches Podest, vielleicht 20 oder 25 cm. Bernhard und Cilly treten auf. Cilly ist eine bäurische Weibsperson um 60, trägt einen großen Henkelkorb. Bernhard in schwarzem Poncho, mit Stöckchen.

CILLY
Vor dem Domportal, Herr Bernhard?

BERNHARD
Genau hier

CILLY
Wo die vielen Leut vorbeikommen? Die könnten uns für Landstreicher halten

BERNHARD
Hier wird niemand beachtet, Cilly

CILLY
Und was machen mir jetzt?

BERNHARD
Wir setzen uns auf das Podest hier und warten
Ich habe mich mit der lokalen Presse verabredet, Cilly
Zum ersten Mal seit sieben Jahren
gebe ich der Presse ein Interview
Man wollte mich
in meinem eigenen Haus interviewen
vor meinen eigenen Bildern
und vor den Rücken meiner eigenen Bücher
in meinem eigenen Safte
wollten sie mich schmoren sehen
entmythisieren wollten sie mich
entmystifizieren
mich auf eine banale Umgebung reduzieren
auf banale Gewohnheiten
beim Gang über knarrende Holztreppen
wollten sie mich fotografieren
beim Gang zu einem alten Abort
ich kenne diese Reporter
die ihre Fotos selber machen
sie schießen 36 Schnappschüsse
und suchen den heraus

auf dem mein Gesicht
am ausdruckslosesten wirkt
die ganze Banalität des Seins
in einer einzigen Porträtstudie
ein Mensch wie du und ich, Cilly
vielleicht sogar nur ein Mensch wie ich
das könnte ihnen so passen
eine Angleichung an das Niveau
das sie mit unerträglichem Aufwand
seit Jahr und Tag
zementieren
das Niveau der Salzburger Festspiele
mit ihren zahlreichen Versteinerungen
und Zementierungen die in der Aufführung
des *Jedermann* vor dem Domportal
gipfeln
[...]

(Bernhard öffnet die Domtür einen Spaltbreit und schaut hinein)

BERNHARD
Meinst du, daß er schon drin sitzt?

CILLY
Wer?

BERNHARD
Der Lokalreporter

CILLY
Schaun S' halt nein

BERNHARD
Ich bin fast sicher, daß er schon drin ist
Wie ich diese Branche kenne
verbindet er die Reportage über mich

mit der Besichtigung irgendeines
spätbarocken Seitenaltares
oder eines neu bemalten Glasfensters
wo eine dieser modernen Glasmalerinnen
die Ausschweifungen des Alten Testamentes
archaisierend nachgestaltet
augenzwinkernd gewissermaßen
ich kenne diese Malerinnen
ich weiß, daß sie stets die Lokalpresse
hinter sich haben
Kenne den ganzen Filz
zwischen Lokalpresse und sakraler Kunst
durchschaue euch

(Er verschwindet in der Kirche. Cilly läßt es sich munden. Im Dom singt eine Altusstimme einen geistlichen Cantus. Bernhard kommt aus dem Dom zurück)

BERNHARD
Drinnen ist er auch nicht
Höchstens in der Krypta könnte er noch sein
da habe ich nicht nachgesehen
Man kann von mir nicht verlangen
daß ich einem Lokalreporter bis zu den Gebeinen
habsburgischer Herzöge folge
Es ist mir ohnehin ein Greuel, überall auf die Habsburger zu stoßen
In einem Dom suche ich im allgemeinen
das Numinose
Und was finde ich?
Die Habsburger
Überall in diesem Lande sind ihre Gebeine verstreut
Überall werden ihre verblichenen Überreste aufbewahrt

Überall stößt man auf diese unerquickliche Verquickung von Dekadenz und Religiosität
Eine kommt einfach nicht ohne die andere vor
Es ist mir nicht vergönnt
in diesem Lande einen Spaziergang zu machen
bei dem ich nicht über einen Sarkophag
oder ein Familienwappen stolpere
Meistens sogar über beides
und stets dieses wache Interesse
für Dynastien
und ihre Spuren im Lande
Selbst in den Bergen
in den höchsten Regionen
jenseits der Baumgrenze
stoße ich unablässig
auf die Spuren irgendeines Erzherzogs
und sei es
in Form eines Jodlers
minutenlang
hallen die Schründe wider
von diesen inzestuösen
durch und durch kitschigen
Gesangsdarbietungen
mit Kopfstimme
Verwurzelte Älpler
erwecken den Anschein
als trauerten sie diesem oder jenem
schwachsinnigen Sproß ihres Kaiserhauses nach
das sie durch Jahrzehnte, vielleicht Jahrhunderte
von der europäischen Geschichte
abgeschnitten hat
da heulen sie in den Latschen
wie hungrige Schakale

als ginge ihnen die einfachste Nahrung und Notdurft ab
Nirgends ist man sicher
vor dieser schwülstigen
Nostalgie
Was muß eigentlich noch alles geschehen
damit sie endlich ablassen
von ihrer geliebten Monarchie
immer noch geistert durch die österreichischen Wälder
und Kurbäder
die himmelblaue Uniform
dieser lebenden Reliquie
Kaiser Franz Josef
Es ist unmöglich
im Lande Salzburg
einen Sommerurlaub zu verbringen
ohne daß die himmelblaue Uniform
zwischen den Stämmen alter Eichen
hervortritt
dieses Zeitaufhaltungsgenie
dessen Antiquiertheit
zu Lebzeiten
nur seine eigene Frau erkannt hat
die sich wie zum Hohn auch noch Kaiserin nennen mußte
und die der Volksmund
gegen jegliches bessere Wissen
auch noch Sissi genannt hat
Hast du gehört, Cilly?
Eine Kaiserin namens Sissi
Eine aufgeklärte Frau
die ihrer Zeit und ihrem Gemahl

um Jahrzehnte voraus ist
wird Sissi genannt

CILLY
Die Sissi kenn ich freilich
Jugendjahre einer Kaiserin

BERNHARD
In einem Theater von einem Anarchisten erstochen
und trotzdem Sissi
Eine Gestalt für ein utopisches Drama
Wenn ich Zeit hätte, Cilly
würde ich über diese abenteuerliche Kaiserin
ein Theaterstück schreiben
mit außerordentlich bühnenwirksamen Szenen
Wenn ich nicht damit beschäftigt wäre
mein eigenes Leben aufzuarbeiten
Wenn ich nicht damit beschäftigt wäre
den Wiener Burgschauspielern rund um Peymann
Rollen auf den Leib zu schreiben, Cilly
dann würde ich ein Stück über diese abenteuerliche
und fortschrittliche Kaiserin schreiben
deren Vetter
der rückwärtsgewandte König von Bayern gewesen
ist
Er wurde wahnsinnig
dabei hätte sie
viel mehr Grund gehabt
wahnsinnig zu werden
beim Anblick dieser absolut unbeweglichen
Donaumonarchie
diesem Pulverfaß das mehr auf dem Balkan
als in unseren Breiten lag
diesem Anus Mundi, Cilly
behielt sie ihren kühlen Kopf

und reiste in Europa umher
auf der Suche nach Zerstreuung und Ablenkung
von diesem wandelnden Denkmal
mit dem sie verheiratet wurde
ehe sie überhaupt zur Besinnung kam
kreuz und quer durch Europa
auf der Suche nach moderneren
Gesellschaftsformen
und moderneren Menschen
während ihr wahnsinniger Vetter von Bayern
Märchenschlösser errichtete
gegen den Rat seiner Ärzte
Linderhof Neuschwanstein Herrenchiemsee

CILLY

Die hab ich alle schon g'sehn, Herr Bernhard
Neuschwanstein ist am schönsten
Da is der Eßtisch gedeckt aus der Kuchl heraufgekommen
So was ham S' noch nicht gesehen, Herr Bernhard

BERNHARD

Wenn ich dieses Theaterstück
über die emanzipierte Kaiserin schreiben würde
käme darin eine Szene vor
wo die Kaiserin
und der König von Bayern
einander gegenübersitzen
und auf den gedeckten Tisch warten
der aus der Küche heraufkommen soll
aber aus irgendeinem unbekannten Grunde
nicht kommt
statt dessen kommt Bismarck heraufgefahren
aus der Küche
und hat eine Fleischerschürze an

die von Blut trieft
vielleicht hält er auch Wellwürste in der Hand
das müßte man noch prüfen
da werden sich einige Dramaturgen sperren
gegen solche Einfälle
Suhrkamp würde sich wahrscheinlich
gegen derart gewaltsame Einfälle
sperren
darum schreib ich das Stück ja auch nicht
ich schreib jetzt ein Stück für Fritz Muliar
den ja Peymann leider gar nicht an der Burg
beschäftigt
was ein Unglück für Wien ist
da Muliar nämlich genau der Schauspieler ist
den Peymann in Wien braucht
genauso wie Attila Hörbiger und Paula Wessely
Es ist kurzsichtig in Wien Theater zu machen
ohne Hörbiger Wessely und Muliar
ich werde ein Stück über Muliar und
Sowinetz schreiben
in dem ich sie beide im Theaterexil zeige
ich laß sie am Fuschlsee
auf der Esplanade promenieren
beide in einer hellblauen Uniform
und in der Maske Franz Josefs
ein doppelter Kaiser Franz Josef
eine cholerische Ausgabe
und eine sanguinische
wie das Volk selbst beides ist
cholerisch und sanguinisch
[...]

GERALD SCHMICKL

Geripans Dramolett

Weitläufiges Gemach; düster; ein kleiner Spielzeugroboter steht in der Ecke und hebt periodisch-monoton den einen Arm zum Hitler-Gruß, mit dem anderen schwenkt er eine kleine rotweißrote Fahne. In einem Schaukelstuhl sitzt der Dichter. Er ist sinnierend in einen dicken Sammelband seiner eigenen Werke versunken und murmelt vor sich hin.

DICHTER

... austriakisches Geschmeiß ... katholisch-schwindsüchtige Phäaken ... Burgtheatergesi... wie hieß es doch? (Blättert einige Seiten zurück) ... ach ja, ...gesindel, natürlich ... (Steht plötzlich jählings auf, schmeißt das Buch in die Ecke, zum Roboter) ... da, fang Schurli, den Suhrkamp-Schmus!

(Der Dichter geht zwei Runden auf den Zehenspitzen, macht einen Handstand-Überschlag und landet genau vor einem alten, dunkelbraunen Hornyphon-Portable, den er einschaltet. Es flimmern Bilder vom SPÖ-Parteitag über den Bildschirm)

DER PARTEIVORSITZENDE

... darum darf ich noch einmal wiederholen, liebe Genossen, ich bin kein Sesselkleber, aber ...

DER DICHTER

(Kichernd) ... naturgemäß ein Sesselkleber, der leimige Parteivorsitzende ... hahaha ...

(Es klingelt an der Haustür. Eine alte, bucklige Frau kommt ins Zimmer)

DICHTER

Wer ist es denn, Fräulein Yasmin?

FRÄULEIN YASMIN

Der Herr … (Hustet) … Theaterdirekt (Hustet stärker) … or …

DICHTER

Ah, sehr gut, sagen Sie ihm, ich lasse bitten. Da, nehmen Sie eine.
(Wirft ihr ein Hustinettenbonbon hin)

FRÄULEIN YASMIN

(Geht hustend ab) Danke.

(Der Theaterdirektor kommt zackigen Schrittes ins Gemach; als er den Dichter erblickt, macht er einen Knicks und küßt ihm die Hand)

DICHTER

(Zieht die Hand zurück) Aber ich bitte Sie, Herr Direktor, doch keine österreichischen Gnädigkeiten …

THEATERDIREKTOR

Verzeihen Sie vielmals, verehrter Meister, aber ich habe eine fürchterliche Mitteilung zu machen, die Premiere Ihres neuesten Stückes wird sich verzögern.

DICHTER

Welche Premiere, die im November oder die im Dezember?

THEATERDIREKTOR

Die im November. Ich werde sie um zwei Wochen verschieben müssen, da die Proben noch nicht so weit gediehen sind. Diese eine kleine Szene, wo der gichtkranke Minister die Haushälterin vergewaltigt, will und will einfach nicht klappen. Der Schauspieler hat rätselhafte Hemmungen bei der Darstellung.

DICHTER
(Zischt leise) Hurensohn verdammter ... (Zum Direktor gewandt) ... Sie werden das schon hinbekommen, notfalls proben Sie halt auch in der Nacht.

THEATERDIREKTOR
Wenn ich das nur dürfte. (Wimmert leise)

DICHTER
Ich habe übrigens wieder zwei neue Stücke für Sie geschrieben, sie sind fast schon fertig, können Sie die unterbringen?

THEATERDIREKTOR
(Windet sich) Das freut mich natürlich sehr, aber im Jänner habe ich den Shakespeare vorgesehen ... na ja, den könnte ich verschieben; im anderen Haus habe ich auf jeden Fall etwas freigelassen, denn (wirft einen untertänig-jovialen Blick zum Dichter) ich kenne ja Ihre Produktivität, Meister.

DICHTER
Diesmal habe ich etwas gänzlich Neues geschaffen, Sie werden verblüfft sein. Darf ich kurz eine kleine Kostprobe ...?

THEATERDIREKTOR
(Verneigt sich leicht) Aber bitte sehr, bitte sehr ...

DICHTER
(Rezitiert aus dem Stegreif, daneben wirft er gedankenverloren kleine spitze Federkiele gegen die

Wand, wo sich eine Bildgalerie der Bundeskanzler der Zweiten Republik befindet. Ein Kiel bleibt Julius Raab genau in der Nase stecken) Also, im Burgtheater sitzen, naturgemäß, zwei alte Männer in der Loge, der eine ist gelähmt, der andere schwerhörig. In der Pause schreit der eine dem anderen zu (wird lauter): „Also, so ein Miststück, das kann man sich ja nicht ansehen!" Antwortet der andere: „Ach so, ich verstehe überhaupt nichts, die nuscheln so." Darauf der Gelähmte: „Sei froh, daß du nichts verstehst, ist eh alles ordinär!"

THEATERDIREKTOR

(Schlägt die Hände vor Entzücken zusammen) Köstlich! Aber ich wollte Sie nicht unterbrechen.

DICHTER

Der Gelähmte fährt fort, ich meine, er sagt: „Das haben wir diesem Piefke zu verdanken, diesem goscherten ..."

THEATERDIREKTOR

(Geht in die Knie) Herrlich, nein diese Wortwahl, da ist Ihnen ja wieder ein großes Stück gelungen, Meister.

DICHTER

Zum Abschluß verlassen die beiden das Theater vorzeitig. Der Schwerhörige schiebt den Gelähmten aus dem Burgtheater und über den Heldenplatz, wo sie in eine Massenkundgebung anläßlich der 38er-Jahr-Feiern geraten. Dabei werden sie von einer umfallenden Fahnenstange erschlagen.

THEATERDIREKTOR

Zweifellos eine gelungene dramaturgische Auflösung, also ich beglückwünsche Sie zu diesem neuen Wurf.

(Die Tür wird aufgerissen, herein stürzt die Alte, als Hustinettenbär verkleidet, ein Maschinengewehr im Anschlag)

FRÄULEIN YASMIN

(Echauffiert) Kulturloses Pack. So was kommt mir nicht auf die Bühne. (Feuert eine Salve ab)

Die beiden Männer fallen um, der Roboter patrouilliert fähnchenschwingend über die Bühne.

Vorhang.

Marcus Stadler/Lies Kató

Kein Platz für Helden

Ein Selbstbeschimpfungs-Dramolett

Früher Nachmittag. Überlautes Summen von Insekten aus dem Botanischen Garten. Eichkätzchen jagen über die Äste vor dem Fenster, zerknüllte Manuskriptseiten im Maul. Der Erste Redakteur und der Zweite Redakteur brüten Rücken an Rücken vor ihrer Schreibmaschine.

Der Erste

Es ist die Sinnlosigkeit
die absolute Sinnlosigkeit
zu schreiben
und gleichzeitig zu wissen
kein Mensch wird es lesen
kein Mensch wird auch nur die Überschrift
dessen lesen
was ich schreibe

Der Zweite

Arbeit
unter Ausschluß der Öffentlichkeit

Der Erste

Zum Glück.
Zum Glück unter Ausschluß der Öffentlichkeit.
Wem
wäre die Unsäglichkeit
die hier Tag für Tag
ausgenommen vielleicht die Montage

produziert wird
denn zuzumuten?

Der Zweite
Heute wie vor zweihundert Jahren.
Ein unerträgliches Jubelforum
die Apotheose höfischer
und amtlicher Schwachsinnigkeit
die Gemeinschaft der Speichellecker
allein die Unerträglichkeit
der stumpfsinnigen Bemühungen
sich unparteiisch zu geben.

Der Erste
Unparteiisch
wie das Mittelmaß in seiner tobsüchtigsten Form
sich Unparteilichkeit vorstellt.
Nämlich
mit dem Millimeterpapier
den roten Schwachsinn
und den schwarzen Schwachsinn
in den Agenturmeldungen auszumessen
und dem Verhältnis nach zu veröffentlichen.
Naturgemäß
dem Verhältnis der letzten Wahlen entsprechend.

Der Zweite
Nichts
hat sich verändert
seit Karl Kraus das Bösartigste
somit naturgemäß das Wahrste
über dieses Blatt geschrieben hat.
Über diesen verkommenen Haufen von Schmierern
von ausrangierten Journalisten
die schon bei ihren Schulaufsätzen

versagen mußten
von beamteten Redakteuren
die bei keinem noch so versumpften Provinzblatt
die geringste Chance hätten.
Über sie alle
hält hier der Staat
der Schutzpatron der rabiaten Mediokrität
seine Hand.

DER ERSTE
In diesen Hafen
der unter normalen Umständen
schon vor zweihundert Jahren
von der See des freien Marktes
weggespült
worden wäre
haben sie sich geflüchtet.
Diese Ratten.

DAS EICHKÄTZCHEN
(Erstickt an der Manuskriptseite)

DER ZWEITE
Geschmeiß.
Ordinäres austriakisches Durchschnittsgeschmeiß.
(Er blättert eine Ausgabe durch)
Von Seite zu Seite
steigert sich die Unerträglichkeit.
Die Unsportlichkeit des Sports
wird übertroffen
von der Kulturlosigkeit der Kultur
die Ahnungslosigkeit
der politischen Kommentare
wird in den Schatten gestellt
von der widerwärtigen Koketterie

mit der sich der Lokalteil
aus perfider Absicht
uninteressant macht.

DER ERSTE
Dienstag bis Dienstag
Durchschnittlichkeit in grunzender Selbstzufrieden-
heit.

DER ZWEITE
Die nicht davor zurückscheut
auch am Freitag zu dieser Zeitung zu greifen
am Freitag
wenn der übliche haltlose Kretinismus
dessen Steigerung
niemand für möglich gehalten hätte
diese Steigerung tatsächlich erlebt
am Freitag
dem Erscheinungstag des *Extra zum Wochenende.*

DER ERSTE
Extra zum Wochenende
(Er nimmt eine Nummer der Beilage)
Ich könnte vor Scham
versinken.

DER ZWEITE
Sogenannte Experten
ergehen sich in selbstverliebtem Essayismus
produzieren Banalitäten
die das Schicksal jeder Proseminararbeit
besiegeln würden
Plattheiten
für einen bildungsbesoffenen Stammtisch

DER ERSTE
Gäbe es für diese Redaktion

einen einzigen Moment der Selbsterkenntnis
wäre ihr sofortiger
kollektiver Freitod
die einzige Möglichkeit.
Leichen
Leichen würden den Rennweg pflastern
und den Botanischen Garten.

(Er reißt dem Ersten die Beilage aus der Hand, wirft sie aus dem Fenster. Das Summen der Insekten reißt im gleichen Augenblick ab)

DER ERSTE
(Verzweifelt) Gäbe es wenigstens einen Ausweg
für die Satireseite.

DER ZWEITE
Die Satireseite
Potenzierung der Perfidie
blökender Versuch der Selbstironie
Hohn der Unfähigen
über die Unfähigkeit
die Unfähigkeit der anderen
und
noch widerwärtiger womöglich
über die eigene Unfähigkeit
unfähiger Hohn
naturgemäß.

DER ERSTE
(Weint jetzt hemmungslos)
Ein Ausweg
es muß
einen Ausweg
geben.

Ein Rennwegverbesserer
(In Gestalt eines österreichischen Dichters, tritt ein. Plötzlicher Beleuchtungswechsel. Ein altes Grammophon setzt überlaut mit dem Walkürenritt ein. Das Eichkätzchen ersteht von den Toten auf. Die Insekten beginnen wieder zu summen, naturgemäß übertönt von Wagner)

Ich werd' euch schreiben!

Die Redakteure stürzen sich auf ihn, Hunderte Leserbriefe, davon mindestens zwei Drittel negativ, fallen vom Schnürboden, Kulturpolitiker rasen über die Bühne und geben Statements ab, Journalisten, auch von anderen Zeitungen, verfolgen sie mit Notizblöcken und Mikrofonen, ein älterer Redakteur attackiert den Rennwegverbesserer mit dem Spazierstock, unter allgemeinem Jubel fällt der Vorhang, auf dem mittels Diaprojektor die Abendeinnahmen sichtbar werden.

Christian Schacherreiter

Die Parallelaktion

I.

Nimm den Acht-Uhr-Zug, hatte meine Frau gesagt. Du fährst um sechsuhrfünfzig in Gallneukirchen weg, bist um siebenuhrvierzig am Linzer Bahnhof und um zehn in Wien. Zum Ministerium brauchst du eine gute Viertelstunde; die Sitzung beginnt um elf; da hast du auch noch einen Sicherheitsabstand, falls der Zug Verspätung hat.

Aufgeregt war ich schon ein bißchen. Man ist schließlich nicht jeden Tag im Ministerium, und – ganz offen gesagt – die Einladung des Ministers war für mich völlig überraschend gekommen. Der Minister kam natürlich nicht selbst zur Besprechung. Der Einladung entnahm ich, daß es wohl der Ministerialrat Dr. Dehmel sein müsse, der da im Nadelstreif den langen, hohen Gang entlangkam. Hinter dem Ministerialrat – und ihn um Kopfgröße und Körperbreite überragend – wogte die rothaarige Sekretärin Galatea Sedlmaier, letzte hünenhafte Sprossin einer 1873 geadelten Wiener Fleischhauerdynastie. Die skandalösen Umstände, die zur Verleihung des Adelsprädikats geführt hatten, erfuhr ich von einer älteren Dame, die neben mir saß und deren Vater, ein angeblich genialer Bäckermeister, ungerechtfertigterweise nicht geadelt worden war.

Dr. Dehmel begrüßte die Anwesenden, dankte für das vollzählige und rechtzeitige Erscheinen und sagte dann: Meine Damen, meine Herren! Der Minister höchstpersönlich war es, welcher mich beauftragt hat,

Vertreter der Politik, der Wirtschaft, der Landesverteidigung, aber auch der Kultur hierherzurufen, um eine Sache zu diskutieren, die dem Herrn Minister diskussionswürdig erscheint. Wir erhielten kürzlich Berichte aus gewöhnlich gut informierten Kreisen, welchen unmißverständlich zu entnehmen war, daß die Regierung der Bundesrepublik Deutschland in diesem Jahr großzügige Festlichkeiten zum 60. Geburtstag des deutschen Dichters Günter Grass plant. Wir Österreicher, meine Damen und Herren, dürfen und sollen nicht beiseitestehen und unser Licht nicht unter jenen Scheffel stellen, den uns der deutsche Nachbar seit dem Jahr 1866 ohnedies ständig überzustülpen trachtet. Nicht nur auf dem legendären Fußballfeld zu Cordoba haben wir bewiesen, daß diese unsere Heimat wahrhaft die Heimat großer Söhne ist, auch auf dem Gebiete der Dichtkunst haben wir große Söhne vorzuweisen, und einer dieser Söhne wird in diesem Jahr sechzig Jahre alt. Es ist kein Geringerer als Thomas Bernhard. Der Geburtstag dieses ersten österreichischen Staatspoeten soll mit Feierlichkeit, Festesfreude, seelischer Tiefe und menschlicher Höhe begangen werden, so daß die deutschen Feiern zu Ehren von Günter Grass nicht nur überboten, sondern in den Schatten gestellt werden. Was erwartet der Herr Minister von Ihnen, meine Damen und Herren? Worum bittet er Sie? Er bittet um Ihre patriotische Mithilfe, Ihre Ideen, Ihre Kreativität. Die ARGE Parallelaktion, die durch Sie hier und heute konstituiert werden soll, möge Vater und Mutter einer Sache werden, die den kulturellen Glanz, den Ruhm und die Ehre unseres Landes draußen in der Welt befördern möge. Bernhard über Grass! und A.E.I.O.U.! Ich danke Ihnen.

Die Begeisterung der Anwesenden war groß. Man beglückwünschte den Ministerialrat Dr. Dehmel zu dieser hervorragenden Idee, bekannte sich wiederholt zum Österreichertum in seiner ganzen historischen Tragweite und versprach Hilfe, wo und wann immer dies möglich wäre. Oberstleutnant Franz Ferdinand von Prokopowski rühmte die militärische Vergangenheit des Landes, verwies auf die Marchfeld-Schlacht anno 1277, durch welche die Slawengefahr gebändigt worden sei, und stellte in Aussicht, während der Bernhard-Festlichkeiten fünf Draken aufsteigen und gleich wieder abstürzen zu lassen. Damit wolle er das existentielle Chaos, den negativen Universalismus des Bernhardschen Menschenbildes in militärischer Symbolik veranschaulichen. Ein gewisser Herr Gumpl von der Handelskammer schlug vor, in Anlehnung an die bekannte Salzburger Mozartkugel den Ohlsdorfer Bernhard-Quader auf den Markt zu werfen. François Dunkel, ein berühmter Wiener Poet, äußerte, er sei soeben von einer visionären Inspiration heimgesucht worden, er habe gesehen, wie sich ein überlebensgroßer, gasgefüllter Thomas Bernhard über den Stephansdom erhoben habe, begleitet von einem gigantischen Feuerwerk, das die Bernhard-Figur in buntesten und allerbuntesten Farben in den Wiener Himmel gemeißelt habe. An der Realisierung dieser Vision wolle er arbeiten, und er brauche dafür ungefähr fünfzig Millionen Schilling. Ein älterer Herr, der einmal Bundeskanzler gewesen sein dürfte, sagte, er sei der Meinung und müsse das schließlich auch einmal sagen, daß er bei den Festlichkeiten anwesend sein werde, so daß ein Gelingen ohnedies nicht in Zweifel zu ziehen sei.

Auch die anderen Damen und Herren ließen mit vielversprechenden spontanen Ideen aufhorchen. Erst nach drei Stunden verebbte der Redefluß. Dr. Dehmel dankte den Anwesenden für dieses anregende Brainstorming und schloß tagesordnungsgemäß diese erste, diese konstituierende Sitzung der ARGE Parallelaktion.

II.

Glücklicherweise fällt der Geburtstag des deutschen Schriftstellers Günter Grass in den Oktober, und glücklicherweise fällt der Geburtstag des Österreichers Thomas Bernhard bereits in den Februar. Die Feierlichkeiten, die von der ARGE Parallelaktion in mühevoller Kleinarbeit vorbereitet worden waren, hatten dadurch das Privileg einer Pionierleistung. Denn was immer die Deutschen im Oktober veranstalten würden, den schalen Beigeschmack des Nachgemachten, die Hypothek des Epigonalen würde es auf alle Fälle zu tragen haben.

So waren wir recht guter Dinge, als wir uns am Vorabend des Ehrentages in Ohlsdorf ein Quartier besorgten. Galatea Sedlmaier, die nimmermüde Sekretariatshünin, die sich schon bald zum Herzstück der ARGE Parallelaktion entwickelt hatte, der Ministerialrat Dr. Dehmel und ich – als Schriftführer der ARGE – trafen die letzten Vorbereitungen. Der Ministerialrat klagte schon bald nach dem Abendessen über Müdigkeit und ging früh zu Bett. Ich bestellte noch eine Flasche Welschriesling, und Frau Sedlmaier leistete mir Gesellschaft. Als wir uns zuprosteten, bot sie mir das

Du-Wort an, hauchte mir ihren Vornamen in den Riesling und drückte mir einen breitlippigen Kuß auf die Wange. Mir war nach Versachlichung zumute, und ich erinnerte mich daran, daß im zweiten Teil der Faust-Tragödie eine Galatea vorkommt. Unvorsichtigerweise erklärte ich der heißblütigen Fleischhauerssprossin mit Adelsbrief, daß bei Goethe Galatea die Tochter des Meergreises Nereus sei. Sie sei von aphroditenhafter Schönheit und ziehe dadurch Homunkulus, das künstlich erzeugte Männchen, magisch an. Homunkulus werde, obwohl er nur in einem Glasbehälter lebensfähig sei, mächtig von der Kraft des Eros getrieben. Unter heftigem Leuchten und Tönen nähere er sich der begehrten Galatea, an der aber der Unglückselige zerschelle; das Über-Weib überfordere seine Kräfte.

Aus Galatea Sedlmaiers breitem Fleischadelsgesicht quoll ein glutvoller Blick. Sie warf ihr rotes Haar zurück und legte ihre Brüste raumgreifend auf den Wirtshaustisch, so daß mein Welschriesling gefährlich ins Wanken geriet: Willst du mein Homunkulus sein? raunte sie. Verstört schlug ich die Augen nieder, denn ich fürchtete durchaus, ein ähnliches Schicksal wie der arme Homunkulus erleiden zu müssen.

Wie gern möchte ich, flüsterte ich, aber meine streng religiöse Lebensführung verbietet es mir. Ich bin ein christlicher Ehemann.

Mein Argwohn, dieser Korb könnte die Festesfreude belasten, erwies sich als unbegründet. Als ich zu Bett ging, überreichte mir der Kellner eine große Schachtel Konfekt mit einem Kärtchen: Für deine Standhaftigkeit, du Guter! Ich hingegen werde heute fasten. Galatea.

III.

Um sieben Uhr saßen wir bereits beim Frühstück, um acht Uhr machten wir uns auf den Weg, und um neun Uhr sollten die Feierlichkeiten beginnen. Rund um Thomas Bernhards Gehöft war ein Leben und Treiben wie nie zuvor. Journalisten aus aller Welt, Rundfunk- und Fernsehredakteure drängten in die Nähe der Haustür. 23 Blasmusikkapellen aus dem Salzkammergut umkreisten das Haus. Die Repräsentanten des politischen Lebens hatten auf der Ehrentribüne Platz genommen; nur der Vorsitzende der Sozialisten fehlte, weil er vom Generalsekretär der Konservativen in einen Bach gestoßen worden war. Um punkt neun Uhr stand die Garde des Bundesheers Habt Acht, und der Bundespräsident selbst kommandierte „Feuer!". Es knallte, und gleichzeitig wurden die Seile des 20 Meter hohen Bernhard-Ballons durchschnitten, den der Poet François Dunkel kreiert hatte. Ahh, rief die Menge. Da öffnete der Jubilar die Tür. Der Mädchenchor der Kreuzschwesternschule sang Händels Halleluja, die Glocken der umliegenden Pfarrkirchen läuteten, und das zurückweichende Bundesheer gab den Blick auf die Straße frei, welche sich sogleich mit einer Beterschar füllte. Unter der fachkundigen Leitung des Kardinals brach sie zu einer Dankwallfahrt nach Mariazell auf.

Aus der wartenden und staunenden Menge trat nun ein ehemaliger Minister für Unterricht und Kunst hervor. In der linken Hand hielt er einen Strauß Himmelschlüssel, die Lederhose gab gerade die Knie frei, und so sah er allerliebst aus, als er nun vor dem Dichterfürsten einen Diener machte und ein selbstverfaßtes Gedicht aufsagte:

Ich war zu Euch nicht immer brav
Ich habe Euch gescholten
Jetzt bin ich kein Minister mehr!
Wie hart ward mir vergolten!

Ich steh allhier in echter Reu
O Herr, gewährt Verzeihung!
Gewährt mir doch ein gutes Wort
und endet die Entzweiung!

Der Himmel mag Euch gütig sein
Von morgen früh bis spat –
Zum Sechziger dem Jubilar
ein dreifaches Vivat!

Vivat, Vivat, Vivat! tönte ringsum die Menge. Dann war es plötzlich still. Alle warteten auf die Worte des Gefeierten. Der aber blickte düster, verhöhnte zuerst den Minister a. D. und brüllte dann vor versammeltem Publikum, er verbiete sich diese Faschingseinlage. Er wolle gar nicht wissen, welcher Dummkopf auf die Idee gekommen sei, heute seinen Sechziger zu feiern, denn naturgemäß säßen ja auf allen Positionen, die der Staat vergebe, Dummköpfe, weil ja der Staat überhaupt nichts anderes sei als eine ununterbrochene Reproduktion des Schwachsinns, und dort, wo nicht Schwachsinn am Werk sei, träten Gemeinheit und Niedertracht an die Stelle der Dummheit. Es sei ihm auch gleichgültig, ob die Dummheit oder die Niedertracht diesen lächerlichen Aufzug ersonnen habe, jedenfalls stelle er ein für allemal fest, er sei nicht sechzig, sondern erst sechsundfünfzig Jahre!

Ich erspare es mir, die weiteren Folgen zu erzählen. Lange und ausgiebig ließ der Minister untersuchen, wo das Gerücht von Thomas Bernhards 60. Geburtstag entstanden war. Die Untersuchung blieb ergebnislos, und der Fall wurde zu den Akten gelegt. Dr. Dehmel emigrierte nach Argentinien, Galatea Sedlmaier ins Familienministerium.

Als im Oktober desselben Jahres die Grass-Feiern in Deutschland stattfanden, verfügte der Kanzler ein Einfuhrverbot für deutsche Zeitungen. Galatea Sedlmaier soll einer deutschen Illustrierten die Story der ARGE Parallelaktion um 200 000 Mark verkauft haben. Mein Name blieb darin glücklicherweise unerwähnt. Aber auch das hatte seinen Preis. Ich zahlte in Naturalien und dachte an den armen Homunkulus.

Bernd Weber

Alles ist grauslich

oder Thomas Bernhard stirbt an Herzversagen und Claus Peymann inszeniert in einem Wiener Krüppelheim einen Nekrolog unter Mitwirkung eines All-Star-Teams aus der Waldheimat

Ein Dramolett

Eine lange Kaffeetafel, an der mehrere prominente Gäste sitzen. Neben jeder dieser „sehr wichtigen Personen" darf ein Vorzeigekrüppel der Anstalt Platz nehmen.
Es erklingt die Lucona-Serenade, gesungen vom Ertrunkenenchor unter der Leitung von Udo Proksch.

Minetti

Bernhard – was für ein Mensch. Morgens schon vor dem Frühstück seine Prosa gelesen, abends seine Stücke gespielt. Abends die Stücke, morgens die Prosa – die Prosa morgens, was für ein Exerzitium!

(Dabei rutscht ihm die Baskenmütze ins greise Antlitz. Minetti drückt auf den Startknopf eines Tonbandgerätes, man hört die Stimme des Verblichenen)

Bernhard

„Ja, man konstruiert eine Prosa, die die Leute langweilt, weil sie sagen: Das ist mir doch zu blöd, drei

Seiten ein Satz. Und das ist doch der Reiz, daß die dann sagen: Bääähh."

(Claus Peymann klopft sich auf die Schenkel und beißt lustvoll in eine Topfengolatsche)

RANICZKI

Wie schon sein Professor Stieglitz in der Tetralogie sagt, war er ja in erster Linie Epiker, obwohl er jede Dichtform beherrschte.
Lyriker, Epiker, Philosoph, Naturgeschichtsphilosoph. Niemals die dramatische Form, er haßte die Dramatik, er war geradezu ein ausgesprochener Dramatikhasser, nicht wahr!

(Knabbert an einer mit Marillenmarmelade bestrichenen Matze)

IGNORANT

Was wir hören, hören Sie, ist nichts als ein Kunstgezwitscher, was wir sehen – Puppentheater.

WAHNSINNIGER

Immer der gleiche Dreck. Einen Menschen ekelt noch immer vor dem tagtäglichen Empfindungsreichtum des Feuilletonismus.

DER GROßE SCHWEIZER

Er war berufen zum Sterben, allein der Tod ist ewig. Das Leben ist eine Schindluderei der Natur sondergleichen, eine obszöne Verwirrung des Kohlenstoffs, eine bösartige Wucherung der Erdoberfläche, ein unheilbarer Schorf.

HELLER

Nicht an der Fähigkeit zu sterben, sondern an der Unfähigkeit zu leben, gehen wir zugrunde. (Benetzt seine Stirn mit einem Tröpfchen Weihwasser)

(Klaus Maria Brandauer nestelt versonnen an seiner Melange herum, plötzlich holt Botho Strauß eine kleine Panflöte aus seinem Bocksbeutel und beginnt eine melancholische Melodie zu blasen)

BRANDAUER

Wer reitet so spät …

PEYMANN

(Zuckt zusammen) Wehrter Herr Burgschauspieler, ich bitte Sie!

BERNHARD

(Vom Band) „Es gibt nichts Fürchterlicheres als Schauspieler, die österreichischen sind die schlimmsten. Schauspieler sind so primitiv und blöd, daß man ihnen eigentlich immer alles sagen muß. Ein weltberühmter Mann und dem muß der Regisseur noch sagen, wenn dein Partner das sagt, mußt du das denken. Die Leut sind nicht einmal wert, daß man ihnen mit dem Kochlöffel auf die Finger gibt.“

BRANDAUER

(Rauft sich verzweifelt die Haare) Oh schmölze doch dies allzu feste Fleisch …

WALDHEIM

(Zu Brandauer) Er hatte sich überhaupt nicht angekündigt gehabt. Plötzlich war die Tür aufgerissen worden und er stand da, in Begleitung natürlich, und sagte, er wolle mit mir zu Mittag essen …

IGNORANT

Wer, der Bernhard?

WALDHEIM

Nein, der Reichsführer SS. Er kam gerade aus dem Führerhauptquartier. Es gibt immer wieder Leute, die Narrenfreiheit haben. Sie können tun, was sie wollen. Wenn man sie ernst nehmen würde, müßte man sie ja umbringen. Aber – wir bringen dich nicht um. Du bist nun einmal da.

BERNHARD
(Vom Band) „Das Österreichische, frage ich mich immer, was ist es? Die Absurdität zur Potenz, es zieht uns an und stößt uns ab."

(Claus Peymann lacht hysterisch und verschluckt sich dabei an seinem Käsekrainer). (Reich-Ranicki und Botho Strauß legen einen flotten Tango aufs Parkett)

RANICKI
Ein Künstler, der eine Kunst ausübt, braucht eine andere zweite Kunst. Die eine Kunst aus der anderen, die einen Kunststücke aus den anderen, nicht wahr.

BERNHARD
(Vom Band) „Der Ranicki hat vielleicht hundertzehntausend Schilling Monatsgehalt. Das ist doch lächerlich. Und was sind das auch für Leute. Der geht dann die Festspiele besuchen mit seiner Frau im langen Abendkleid und redet dort über Literatur und hört sich *Cosi fan tutte* an. Ist begeistert beim Achterl Wein in der Moser-Weinstube und findet das großartig. Ist ja alles ein Blödsinn.

MINETTI
Ja – Bernhard, was für ein Mensch, was für Menschen, was für Geschöpfe, was für Unsinnigkeiten. Jeder einzelne eine unglückliche Natur.

Heller

(Schaut von seiner Fischmahlzeit auf und noch mit dem Fischmesser in der Hand) Die Forelle hatte etwas Schönes. Ich wünschte nur, ich hätte eine Totenmaske von ihr machen können. Aber nicht von ihrem Körper, sondern von ihrer Energie. Ich weiß nicht, ob irgendwer ihren Körper verstanden hätte.

Bernhard

(Vom Band) „Das ist ja alles ein Unsinn. Es ist wurscht, ob diese Leute sich in Moskau ansaufen und anfressen oder in New York oder auf den Philippinen oder in Nicaragua. Das sind alles grauenhafte Leut', die mit sich selbst nicht zu Rande kommen. Der eine arbeitet mit seiner Krankheit und mit dem Tod und kriegt Preise, und der andere rennt für'n Frieden herum und ist im Grund ein gemeiner, blöder Kerl. Also, was soll das?"

Peymann

So, wir wollen jetzt den Monolog hören, Herr Waldheim, bitte.

(Frau Waldheim kämmt ihren Mann und gibt ihm einen Kuß auf die Stirn, dann tritt der Bundespräsident ans Rednerpult. Holzbeine knarren nervös, die Hände in den Ledermanschetten erheben sich sachte zu einem angedeuteten Gruß)

Waldheim

Freunde – Thomas Bernhard ist tot. Mit uns trauert die Nation, ja die Welt, ist sie doch um einen Mann ärmer, der sie reicher machte.

(André Heller entzündet zwei Sonnenräder, und Udo

Proksch beginnt zu singen: Bei mir sans olle im Oasch daham und ich bin dem Oasch sein Abszeß)

BERNHARD

(Vom Band) „Mitten in der Vorstellung, mitten in der Rachearie aufhören zu singen, die Arme fallen zu lassen, das Orchester zu ignorieren, die Mitspieler ignorieren,das Publikum ignorieren, alles ignorieren. Dastehen und nichts tun und alle anstarren, anstarren, verstehen Sie, und plötzlich die Zunge herausstrecken."

(Drei Männer betreten den Festsaal. Es sind der Inspektor Kottan und seine beiden Assistenten, Schramml und der einbeinige Schremser)

KOTTAN

Meine Damen und Herren, Sie sind vorläufig festgenommen, weil Sie in konspirativer Weise gegen das Testament des verstorbenen Autors Thomas Bernhard verstoßen haben, das eine Aufführung seiner Stücke in Österreich für die Dauer von 70 Jahren verbietet.

(Irres Gelächter vom Band)

PEYMANN

Das ist ja groß – artig.

Manfred Deix

Thomas Bernhard, die Feierlichkeiten zu Kreiskys 70. Geburtstag störend

GERHARD LAMPERSBERG

Perturbation

c: leben sie wohl
b: adieu
a: it is over

———

glacies est

———

c: tacet
a: it is winter

———

exitus est

Gesammelte Tomaten

Anmerkungen und Quellennachweis

◀ (1) Amann, Jürg: *Bernhard, Peymann, Beil. Ein minimales Dramolett.* In: *Die Presse,* 27./28.6.1987.

(2) Amann, Jürg: *Verirren oder Das plötzliche Schweigen des Robert Walser.* Aarau: Sauerländer 1978.

(3) Amann, Jürg: *Die Korrektur.* In: J.A., *Nach dem Fest. Drei Stücke.* München: Piper 1988, S. 75-109. Erstmals angekündigt im Programmheft des Schauspielhauses Zürich für die Saison 1978/79. Darin der von der endgültigen Fassung (S.99-100) geringfügig abweichende Auszug:

Kafka (zur Schwester): Den Blumen zu trinken geben, Schwester. Genügend zu trinken. Sie sind so schrecklich durstig.
Schwester: Aber ja, Herr Kafka.
Kafka: Schräg schneiden müssen Sie sie, schräg schneiden, dann können sie mehr trinken.
Schwester (ihn beruhigend): Schräg schneiden, natürlich.
Kafka: Und die Blätter weg.
Schwester: Die Blätter weg?
Kafka: Die Blätter weg. Unnötig, verstehen Sie, unnötig, die trinken zuviel. Nur die Blüten, Schwester, nur die

Blüten stehen lassen.
Schwester (zögernd): Nur die Blüten?
Kafka: Nur die Blüten. Blattwerk, Rankenwerk weg.

◀ (4) AMANSHAUSER, GERHARD. *Lesen. Eine Selbstbezichtigung*. In: G.A., *Fahrt zur verbotenen Stadt,* Salzburger AV Edition. Zuerst erschienen als: *Thomas Bernhardiner liest: „Selbstbezichtigung"*. In: *Lynkeus* 30, Dezember 1984, S. 25–28.

◀ (5) ANI, FRIEDRICH: *Nein*. Erschienen als: *Als der Journalist Rust Kahl dem Schriftsteller Thomas Bernhard eine Frage stellen durfte*. In: *Süddeutsche Zeitung,* 21./22.9.1985.

(6) ANI, FRIEDRICH: *Der Mann, der Olsdorfer erschoß. Ein Mordsstück über die fürchterlichen Auswirkungen von Literatur.* Bad Homburg: Stefani Hunziger Bühnenverlag 1987.

Uraufführung am 3.12.1987 im Münchner Gasteig/Black Box. Auch als Hörspiel von Radio DRS/Studio Bern (vgl. mm : *Klagerausch eines verkannten Genies*. In: *Neue Zürcher Zeitung,* 26./27.8.1989).

(7) ANONYM: *Kleines literarisches Bestiarium. Bernhard*. In: *Die Zeit,* 30.12.1983.

Bernhard wird als „fledermausartiger Totenvogel" dargestellt, der „vornehmlich auf Friedhöfen oder in Spital-Gärten nistet".

(8) ANONYM: *Weltfremd*. In: *Falter,* 27.9.1984.

(9) ANONYM: *Bochum. Eine Elegie*. In: *Heldenplatz. Eine Dokumentation*. Wien: Burgtheater 1988. S. 103.

(10) ANONYM: *Schon wieder: Wirbel um ein Bernhard-Werk*. In: *Kleine Zeitung* (Graz), 7.2.1989.

Am Faschingdienstag 1989, wenige Tage vor Bernhards Tod, erschien ein handschriftlicher Text oder Notizzettel im Faksimile, der von einem anonymen Autor ausgiebig kommentiert wurde. (Siehe nächste Seite!)

◀ (11) BARTSCH, KURT: *Der Daumenlutscher. Nach Thomas Bern*

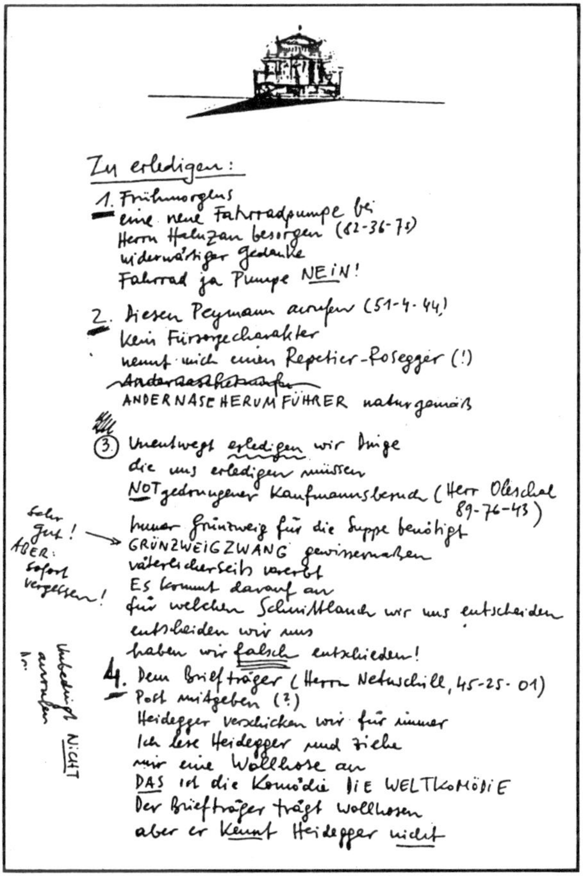

Zu erledigen:

1. Frühmorgens
eine neue Fahrradpumpe bei
Herrn Haluzan besorgen (82-36-75)
widerwärtiger Gedanke
Fahrrad ja Pumpe NEIN!

2. Diesen Peymann anrufen (51-4-44)
Kein Fürsorgecharakter
nennt mich einen Repetier-Rosegger (!)
~~[illegible]~~
ANDERNASEHERUMFÜHRER naturgemäß

(3.) Unentwegt erledigen wir Dinge
die uns erledigen müssen
NOTgedrungener Kaufmannsbesuch (Herr Oleschal 89-76-43)
Immer Grünzweig für die Suppe benötigt
GRÜNZWEIGZWANG gewissermaßen
väterlicherseits vererbt
Es kommt darauf an
für welchen Schnittlauch wir uns entscheiden
entscheiden wir uns
haben wir falsch entschieden!

sehr gut! ABER: sofort vergessen!

4. Dem Briefträger (Herrn Netuschill, 45-25-01)
Post mitgeben (?)
Heidegger verschicken wir für immer
Ich lese Heidegger und ziehe
mir eine Wollhose an
DAS ist die Komödie DIE WELTKOMÖDIE
Der Briefträger trägt Wollhosen
aber er kennt Heidegger nicht

unbedingt NICHT anrufen !!

hard. In: K.B., *Die Hölderlinie. Deutschdeutsche Parodien.* Berlin: Rotbuch Verlag 1983. S. 63–65.

Der Daumenlutscher erschien auch anonym als *Am Daumen lutschen* in: *Stuttgarter Nachrichten,* 11.10.1983.

◀ (12) BERGER, JOE: *Die Zunge. Eine Ursache.* Originalbeitrag.

◀ (13) BERLINGER, JOSEPH: *Vor dem Auftritt.* In: J.B., *F.C. Delius gegen H.C. Artmann. Verbal(l)hornungen.* München: Friedl Brehm 1984. S. 76–79.

◀ (14) Bieler, Manfred: *Beton. Nach Thomas Bernhard.* In: M.B., *Walhalla. Literarische Parodien.* Hamburg: Hoffmann und Campe 1988. S. 119–121.

(15) Böhmer, Otto: *„Wenn wir unsere Übertreibungskunst nicht hätten".* In: *stern* 1/87, S. 23. Parodistische Besprechung von Thomas Bernhards *Auslöschung.*

(16) Brandstetter, Alois: *Was Thomas Bernhard nicht lesen durfte.* In: *Kleine Zeitung* (Klagenfurt), 23.6.1978.

◀ (17) Brandstetter, Alois: [*Die Vlöhrersache*]. In: A.B., *Die Mühle. Roman.* Salzburg: Residenz 1981. S. 42–45.

(18) Chobot, Manfred: *Tobern. Eine Ausrichtung* und *Tobern. Eine Ansteckung.* Zwei geringfügig voneinander abweichende, unveröffentlichte Typoskripte.

(19) Ciesciutti, Johannes: *In memoriam Thomas Bernhard.* In: *Neue Volkszeitung* (Leserbrief), 25.2.1989.

> Gib dich der Andacht hin,/ wenn jemand dunkel spricht/ und tausend Jahre im Stroh ertrinken läßt.
> Vom Dichter soll man reden,/wenn der Winter naht,/ denn jetzt ist Zeit, an seinem Feuer/ sich zu wärmen.
> Und er lebte neben uns, /und wir gingen scheu vorbei,/ als wär's ein Schatten nur,/ der uns gestreift/ im nackten Kleid der Worte.
> Komm, schließ die Augen/ und schau ihn endlich an,/ wie er unter uns/ mit seiner Stirn/ ungehört verstarb.

◀ (20) Deix, Manfred: Karikatur: *Thomas Bernhard, die Feierlichkeiten zu Kreiskys 70. Geburtstag störend.* In: *profil,* 9.2.1981

(21) Dieman, Kurt: *Abrechnung mit den Österreich-Verrätern.* Als „Gegenstück" zu *Heldenplatz* angekündigt (vgl. *Neues Volksblatt,* 11.10.1988) und nicht realisiert.

◀ (22) Dittmar, Jens: *Korrektur* (1979). Vgl. *Korrektur der Korrektur. Buchobjekte von Jens Dittmar.* In: Jurgensen, Manfred (Hg.): *Thomas Bernhard. Annäherungen.* Bern: Francke 1981. S. 36–44.

◀ (23) DÜRR, MORITZ: *Der Aufhörer. Ein Hörstück von Bernhard Thomas.* Uraufführung am 8.1.1988 im Westfälischen Landestheater Castrop-Rauxel, mit Moritz Dürr in der Titelrolle.

Dürr wählt als Hauptperson einen Geigenvirtuosen, der vor Jahren seine Karriere aufgegeben hat; seine „Amati" warf er in die Salzach, als er in Salzburg, der Festspielstadt, ein Konzert geben sollte. Salzburg ist ihm ein Greuel, die Provence ebenso, das Leben eigentlich nicht minder. Er erzählt seine Geschichte der Pediküristin, die ihn regelmäßig besucht, um seine Füße von Hornhaut zu befreien. Denn die sind – im Gegensatz zur Meinung der Experten – das Fundament für das Virtuosentum, und nicht die Finger oder Hände. Hornhaut an den Füßen ist der Anfang von Hornhaut im Gehirn. Doch der Inhalt ist eigentlich nicht so wichtig. Wichtiger ist, wie Dürr es versteht, die Absurdität der Figur (mit Hilfe der Regie von Franz Bäck) immer wieder auf die Spitze zu treiben.

Johann Wohlgemuth in: *Westfälische Rundschau,* 11.1.1988.

(24) FALCKE, EBERHARD: *Abschreibung. Eine Auflehnung.* In: *Der Spiegel,* 3.11.1986.

(25) FIAN, ANTONIO: *Gerald Grassl begegnet auf dem Graben Thomas Bernhard und nimmt ihn in Schutz. Ein Spiel.* In: A.F., *Es gibt ein Sehen nach dem Blick.* Aufsätze. Graz: Droschl 1989. S. 44–45. Zuerst in: *Falter* 42/88.

(26) FIAN, ANTONIO: *Die Büchermacher (für Thomas Bernhard).* A.F., *Es gibt ein Sehen nach dem Blick. Aufsätze.* Graz: Droschl 1989. S. 56–61. Zuerst in: *Falter* 9/89.

(27) FIAN, ANTONIO: *Darmstadt, Rollenprosa.* In: *Freibeuter* 40/1989, S. 110–119.

Ein heruntergekommener Schriftsteller berichtet dem Ich-Erzähler von der Ursache seines Unglücks: seiner Teilnahme am Darmstädter Wettlesen.

Nicht der Herr Schoeller ist an Kafka oder Beckett erinnert gewesen, sondern der Herr Hamm ist an Thomas Bernhard und Gert Jonke erinnert gewesen. Unverkennbar Thomas Bernhard und Gert Jonke, undenkbar ohne Thomas Bernhard und Gert Jonke, hat er in einem fort wiederholt, und ich habe gedacht, Thomas Bernhard, gut, das ganze heutige Österreich ist ja undenkbar ohne Thomas Bernhard, aber was hat er denn mit dem Gert Jonke, den ich selbstverständlich nie gelesen habe, einen Ingeborg-Bachmann-Preisträger, einen Klagenfurt nie wirklich verlassen habenden Klagenfurter würde ich doch nie in meinem Leben auch nur überfliegen! (S. 115)

◀ (28) Fux, Vitus (Pseud.): *Bernhard. Zauberposse mit Gesang.* Frankfurt: Verlag der Autoren o.J. (1988). Uraufführung am 5.5.1988 im Salzburger Landesstudio.

Schon vor der Premiere wurden Salzburgs interessierte Gemüter durch Gerüchte und Spekulationen um den Autor, der sich hinter dem Pseudonym Vitus Fux verbirgt, angeheizt. Nach der Uraufführung von Bernhard (Inszenierung Lutz Hochstraate) drängt sich der Verdacht auf, daß der Autor in Salzburg, wenn nicht gar im Landestheater selbst, zu suchen ist.

Ingrid Gordon in: *Oberösterreichische Nachrichten,* 14.5.1988

◀ (29) Hagestedt, Lutz: *Der große Coup. Ein Nachschlag zur Peymann-Affäre.* In: *Süddeutsche Zeitung,* 25./26.6.1988.

Die Peymann-Affäre bezieht sich auf ein *Zeit*-Interview mit Claus Peymann vom 27.5.1987. Vgl. Manfred Koch und Lothar Schmidt-Mühlisch.

◀ (30) Hoche, Karl: *Thomas Bernhard oder Ein Interview am Abgrund.* In: K.H., *Schreibmaschinentypen und andere Parodien.* München: dtv 1971. S. 61–62. Zuerst erschienen als: *Ein Interview mit jemandem, der mit Thomas Bernhard gesprochen haben soll.* In: *Die Zeit,* 18.10.1970.

◀ (31) Hüsch, Hanns Dieter: *Hagenbuch in Venedig.* In: H.D.H.,

Du kommst auch drin vor. Gedankengänge eines fahrenden Poeten. München: Kindler 1990. S. 352–360.

Mein erstes Prosastück von Bernhard war *Gehen,* die wunderbare Geschichte mit dem Rustenschacherschen Laden und den Hosen als tschechoslowakische Ausschußware. Diese Stelle habe ich wohl an die hundertmal gelesen, ohne Übertreibung, und nur durch diese Stelle in *Gehen* sind meine Hagenbuch-Geschichten entstanden. Die konjunktivische Form, der Ablauf auf drei Ebenen, sagt Oehler zu Scherrer, so Karrer, oder auch umgekehrt. Die Wahrheit musikalisch relativieren, den ständigen Einsatz des Wortes sogenannter oder sogenannte, das hat mich alles so berauscht, ich bin kein Philologe, ich kann das nur so wiedergeben, wie ich ein Jazzstück am Piano von Erroll Garner höre, und so ist mir das auch mit allen Geschichten und Stücken von Thomas Bernhard gegangen. (S. 301)

(32) Jablonka, Hans: *Ein Dichter unter Debilen.* In: *Neue Tiroler Zeitung,* 11.10.1988.

(33) Knoll, Reinhard: *Tafelspitz. Eine Empörung.* Unveröffentlichtes Dramolett. 3½ Seiten Typoskript.

◀ (34) Koch, Manfred: *Schneewittchen „von" Thomas Bernhard.* Erschienen unter dem Sammeltitel *Schneewittchen und die sieben Dichter* (Thomas Bernhard, Peter Handke, Michael Scharang, H.C. Artmann, Wolfgang Bauer, Ernst Jandl und Gerhard Rühm). In: *Watzmann,* Februar 1983. Auch in: M. K., *Leseverbot. Satiren.* Salzburg: Aigner Verlag 1989.

(35) Koch, Manfred: *Nackenküssen. Eine Erregung.* In: *Salzburger Nachrichten,* 3.6.1988. Auch in: M.K., *Böse Buben AG. Satiren* 1986–1988. Salzburg: Eigenverlag 1988.

Anspielung auf ein Interview von André Müller mit Claus Peymann in: *Die Zeit,* 27.5.1987.

(36) Koch, Manfred: *Das Jenseits. Eine Zumutung.* In: *Wiener Zeitung,* 16.2.1990.

(37) Kofler, Werner: [*Vor mir geht der Bergführer*]. In: W. K.,

Am Schreibtisch. Alpensagen / Reisebilder / Racheakte. Reinbek: Rowohlt 1988. S. 7 ff.

(38) KRÜSE, GOTTFRIED: *Der Bernhardiner. Eine Farce.* Uraufführung am 16.8.1984 durch die „Szene der Jugend" im Petersbrunnhof Salzburg. Vgl. Günter Verdin: *Es ist kein Fest für Bodo.* In: *Salzburger Nachrichten,* 18.8.1984.

(39) KUTSCHERA, HANS: *[Gedicht].* In: *Salzburger Volksblatt,* 17.10.1957. Hans Kutschera war einer der ersten Förderer und zugleich Kritiker Thomas Bernhards. Vgl. Hans Kutschera, *Thomas Bernhard „furchte".* In: *Salzburger Volksblatt,* 7.12.1955 – eine heftige Schelte über Bernhards Artikel *Salzburg wartet auf ein Theaterstück* in der *Furche,* 4.12.1955.

◀ (40) LAEDERACH, JÜRG: *Das Verlies. Eine Gradierung.* Erschienen als: *Bernhard schreibt weiter: „Das Verlies".* In: *Basler Zeitung,* 15.10.1984. Rezension eines fiktiven Werks von Thomas Bernhard: *Das Verlies. Eine Gradierung.* Salzburg: Residenz 1984.

◀ (41) LAMPERSBERG, GERHARD: *Perturbation.* Klagenfurt: Ritter 1987. Auszug: Satz 8, S. 89.

Gerhard Lampersbergs literarische Bewältigung der *Holzfällen*-Affäre.

> Hauptkomponente dieser Sprachkomposition Lampersbergs sind einzelne Worte, einfache Aussagesätze, die auf die noch notwendige Mitteilung reduziert erscheinen. Lampersberg geht es um den Sinn, der hinter und zwischen den Worten liegt, um das Spannungsfeld, das sich im Beziehungsgeflecht der Wortbedeutungen ergibt. Sparsam, kürzelhaft werden Stimmungen angerissen, menschliche Bindungen, Beziehungen kommen auf, Örtlichkeiten werden angedeutet, Atmosphärisches entsteht, verdichtet sich, zerfällt: Begegnung, Abschied, Wiedersehen, Trauer, Entfernung, Trennung. (Verlagsmitteilung)

◀ (42) LEDERER, HERBERT: *Die Hitze. Thomas Bernhard (geb. 1931) nachgeheizt.* In: H.L., *Andererseits ... Parodien österreichischer Literatur.* Baden: G. Grasl 1983. S. 32–33.

(43) LEDERER, HERBERT: *Der Theatermiesmacher.* Uraufführung am 10.7.1986 im Theater im Pongau/Flachau. Vgl. Hans Heinz Hahnls Interview mit Herbert Lederer: *Der Name Bernhard kommt nicht vor.* In: *Arbeiter-Zeitung* (Wien), 4.6.1986.

◀ (44) LEISSING, EDGAR: *Der stürzende Jesus* (Einband). Öl auf Leinwand, 60 x 80 cm. Signiert auf der Rückseite: Esche 1989.

◀ (45) LENHARDT, DIETER: *Briefe aus der Zukunft.* In: *Die Presse,* 23./24.11.1985.

Fiktiver Brief von Thomas Bernhard an „Herrn Goethe, WEIMAR. Zuzustellen am 28. August 1800. Nachzusenden, falls noch in Gotha. BETRIFFT: Mich und Sie. Desselbrunn, 20. Jänner 1986". Gezeichnet: Thomas Bernhard.

◀ (46) LOREDANO: Karikatur. In: *Frankfurter Allgemeine Zeitung,* 5.2.1983

(47) MATTHEUS, BERND: *Eine Diagnose.* In: *proTHESE* Nr. 12/13, 3. Quartal 1975, S. 10–13.

Nachdem ich meine stadtgelegene Wohnung gegen Jahresende aufgegeben und eine solche am Stadtrand gelegene bezogen hatte, suchte ich Pregl auf, der mich in einem Brief um meinen Besuch gebeten hatte und vorschlug, mit mir den Weg zur neuen Wohnung zu gehen, damit er später den Weg alleine besser finde. (S. 10)

(48) MENSCHING, GERHARD: *Thomas Bernhard. Holzfällen.* In: *Der Rabe* 11. Zürich: Haffmans 1985. S. 199.

Als früher Bernhard-Verehrer, Bewunderer der *Verstörung,* von meinem Buchhändler treu versorgt über viele Jahre hin mit jeder der immer zahlreicheren Neuerscheinungen, wollte ich nun endlich Order geben, mich nicht mehr weiter mit dem Ewiggleichen zu versorgen, und die letzte Sendung, *Holzfällen*, zurückgehen lassen, ungelesen. Dann las ich das Buch, nur des entfachten Skandals wegen, und behielt es, weil es mir wider Erwarten gefiel, mich amüsierte, obwohl es natürlich viel längstbekannten, typischen Bernhard enthält, aber doch mit Ironie präsentiert, mit Augenzwinkern und Distanz, und sich selbst dabei, so schien es mir wenigstens, mit auf den Arm nehmend. Das wäre ein schöner Abschluß. Hiernach dürfte er nichts mehr schreiben oder nur was ganz anderes, und warum nicht unter anderem Namen, um neugeboren, mit neuer Masche sich noch einmal durchzusetzen zu versuchen. Mich würde sowas reizen, aber das ist natürlich ein ganz alberner Vorschlag.

(49) MUCK, JÜRGEN: *dem beginnenden thomas bernhard für sein wunderbares frühwerk*. In: *Akzente* 1981, H. 6, S. 561–562.

Wenn die aufgewühlten flüsse
einen müden herbst durchqueren
hallen allenthalben schüsse –
und kein blick erfaßt das land
seine schwere läßt ihn fehlen
nur eine kleine ausgestreckte hand
ragt einst aus seinen höhlen

◀ (50) MÜRY, ANDRES: *Hommage à Bernhard*. In: *Wolkenkratzer* 10/1985, S. 42–43.

(51) PAPACEK, HERMINE: *Gespräch am Biertisch*. In: *Neue Kronen-Zeitung* (Leserbrief), 24.10.1988.

Thomas Bernhard: Na, was glauben S' denn, Peymann, wie's zur Premiere laufen wird?
Claus Peymann: Ja, was Genaues kann ich Ihnen leider nicht versprechen, aber eine recht gute Schangse auf einen hübschen Skandal, die haben wir ganz bestimmt, dank Ihrer blendenden Einfälle.
Thomas Bernhard: Da is weiter nix dabei, das is bei mir schon Routinearbeit. Ich muß mich nur auf meinen Pegasus setzen, und 's fallen schon die Roßknödel raus.

Claus Peymann: Und stört Sie die öffentliche Meinung denn gar nicht?
Thomas Bernhard: Wieso? Die is doch nur gut für den Umsatz! Je mehr g'schimpft wird, desto besser verkauf i meine Produkte. Die Leut' sind eben so blöd neugierig oder solche Scheiß-Masochisten, daß meine Stück' immer wieder anschaun kommen.
Claus Peymann: Diese Erfahrung habe ich bis jetzt ja auch gemacht! Glauben Sie, sonst hätte ich auf den „Heldenplatz" gesetzt? Denn was nützen mir die schönsten Skandale, wenn ich hinterher zusperren müßte?
Thomas Bernhard: Da brauchen S' gar keine Angst haben – unsere 6 1/2 Millionen Debile werden Sie schon net im Stich lassen!

(52) PILAR, WALTER: *Vom Unsterblichen.* In: *Facetten* '89. Literarisches Jahrbuch der Stadt Linz. Linz: Oberösterreichischer Landesverlag. S. 140–146.

◀ (53) POSER, MICHAEL VON: *Thomas Bernhard in Travemünde.* In: *Wiesbadener Literatur-Zeitung,* Nr. 10, Mai/Juni 1981.

◀ (54) RÜDENAUER, MEINHARD: *Messer. Kammeroper.* 7 Seiten Typoskript. *Messer* entstand 1985 aufgrund von Thomas Bernhards *Holzfällen* und sollte an der Wiener Kammeroper uraufgeführt werden. Als der Autor seine Protagonisten Messer (= Thomas Bernhard) und Bajazzo (= Gerhard Lampersberg) nicht beim Namen nennen wollte, wurde das Stück abgesetzt. Pläne mit der Wiener Kammeroper scheiterten, weil sich *Messer* nach Aussage des Autors „wohl nur auf kleinen Bühnen spielen läßt". Vgl. R.R. in: *Südost Tagespost,* 18.7.1985.

(55) SALEM, GEMMA: *Lettre à L'Hermite Autrichien.* Paris: La Table Ronde 1989.

Hantée par le maître autrichien Thomas Bernhard, au point de ne plus pouvoir écrire une seule ligne, Gemma Salem décide, pour guérir, de transformer en livre son obsession: cette longue lettre adressée à l'auteur de *Gel* est le récit d'une frustration, d'un désespoir *infinis.* Et d'une *attente*, elle aussi infinie.

La Quête s'abolit dans son propre mouvement, comme chez Kafka, comme dans ces rêves où l'on croit *enfin* trouver la *clé de l'énigme.*
L'echec est si évident qu'il ne reste plus quà *mourir un peu plus chaque jour,* ainsi que l'écrivait Thomas Bernhard. Pessimisme tempéré par la douceur mystérieuse de Gemma Salem qui, à la fin de son étrange voyage d'hiver, nous murmure, réconciliée: *„Il n'y a que par les détours du malheur que nous sommes heureux."* (Klappentext)

◀ (56) SCHACHERREITER, CHRISTIAN: *Die Parallelaktion.* In: *Facetten '87. Literarisches Jahrbuch der Stadt Linz.* Wien: Jugend & Volk 1987. S. 51–55.

◀ (57) SCHMICKL, GERALD: *Geripans Dramolett.* In: *Wiener Zeitung,* 6.11.1987

(58) SCHMIDT-MÜHLISCH, LOTHAR: *Die Abrechnung oder Ein Gespräch im Hause Peymann über die abwesenden Damen und Herren vom Theater.* In: L.S.-M., *Affentheater. Bühnenkrise ohne Ende.* Erlangen: Straube 1989. S. 152–158. Persiflage auf Claus Peymann; Thomas Bernhard wird nur am Rande erwähnt.

◀ (59) SCHÖNBORN, FRITZ (Pseud.): *Bernharddistel.* In: F.S., *Deutsche Dichterflora. Anweisungen zum Bestimmen von Stilblüten, poetischem Kraut und Unkraut.* München: Hanser 1980. S. 25–26.

(60) SEMBDNER, WOLFGANG: *Bernhard. Nach Thomas Bernhard.* In: W.S., *Grimmskrams. Parodistische Hänseleien.* Nürnberg: Plakaterie 1977. S. 26–27.

◀ (61) SEMBDNER, WOLFGANG: *Schneewittchen. Nach Thomas Bernhard.* Minetti-Parodie aus Wolfgang Sembdners Solo-Programm *Grimmskrams und Schneewittchen,* nachzuhören auf der Schallplatte gleichen Titels (Rillenschlange 1986).

◀ (62) SOKOL, ERICH: *Holzfällen* (Karikatur). In: *Die Bühne* (Titelseite), Nr. 322, Juli 1985.

◀ (63) STADLER, MARCUS/LIES KATÓ: *Kein Platz für Helden. Dramolett.* In: *Wiener Zeitung,* 4.11.1988.

◀ (64) Stadler, Michael: *Theatermachen und Fliegenfangen. Eine Erregung*. In: *Salzburger Nachrichten,* 17.8.1985.

◀ (65) Strouhal, Ernst (=ruf): *Naturgemäß*. In: *Falter* 19/1984. Parodistische Besprechung von *Der Untergeher*.

(66) Tramontana, Reinhard: *Der Buchmacher*. In: *profil,* 26.8.1985.

(67) Unterstöger, Hermann (= us): *Entzug. Ein Schmäh*. In: *Süddeutsche Zeitung*. 18./19.2.1989. Österreich-Beschimpfung als Parodie auf Bernhards Testament.

> Sie seien, sagte er, das Gemeinste vom Gemeinen, wo man hinschaue, so was von Schuftigkeit und Hinterhältigkeit, er müsse sich, sagte er, wundern, wie in einem so (meine er) unübertroffen schönen Land ein so unübertroffen dummes Volk anzutreffen sei, als ob der Mittelpunkt nur der Magen sei und der Kopf ausgeschaltet, und dazu komme, sagte er, eine derart barbarische Kulturlosigkeit, eine so verheerende Unkultur, zu schweigen von den, sagte er, deprimierenden politischen Verhältnissen, mit nichts als scheußlichen Kreaturen (denke, meine, sage er) an der Macht, dieses ganze erzgemeine, hinterhältige Österreich sei, Peymann vielleicht ausgenommen, eine Zumutung, die Österreicher eine Verstörung, am vernünftigsten wäre, sagte er, ihre Auslöschung, ein Zerfall (von selbst, ohne sein Zutun, meine er) sei ja leider nicht zu gewärtigen, was bei soviel Gemeinheit, Hinterhältigkeit und Dummheit zu unternehmen sei, das frage er sich, sagt er, schon lange, und am besten sei es, denke er, der Niedertracht mit Niedertracht zu begegnen und es diesen widerwärtigen Kreaturen testamentarisch zu untersagen, sich seinem Werk in Aufführungen, Drucklegungen, Rezitationen anzunähern, wie er sich denn überhaupt jede Annäherung dieses, sagte er, dümmsten aller dummen Staaten mit den gemeinsten aller gemeinen Menschen verbitte, wobei er, sagte er, schon wisse, daß die Österreicher nun zum Fleiß beginnen könnten, ihn, Thomas Bernhard, posthum zu lieben, das sei ja, sagte er, schon öfter vor-

gekommen in diesem verworfensten aller verworfenen [...]

◀ (68) VORBACH, HERBERT: *Abspeisung. Ein Erbrechen. Eine Thomas-Bernhard-Denkübung*. In: *Facetten 87. Literarisches Jahrbuch der Stadt Linz*. Wien: Jugend & Volk 1987. S. 56–62.

◀ (69) WEBER, BERND: *Alles ist grauslich oder Thomas Bernhard stirbt an Herzversagen und Claus Peymann inszeniert in einem Wiener Krüppelheim einen Nekrolog unter Mitwirkung eines All-Star-Teams aus der Waldheimat*. In: *midnachrichten* 43/1989, S.14.

◀ (70) WEIGEL, HANS: *Furioso*. Erschienen als vierter Satz einer *Kleinen Frankfurter literarischen Suite in Mess-Dur*. In: *Frankfurter Allgemeine Zeitung*, 7.10.1982.

Die vier Sätze lauten: *Maestoso* (Goethe), *Scherzando* (Heine), *Religioso* (Rilke), *Furioso* (Bernhard).

◀ (71) WEINBERG, SAMUEL: *Thomas Bernhard im Traum erschienen. Roman*. München: Bibliothek Zeitgenössischer Literatur 1980. Auszug: S. 58–60.

Thomas Bernhard nimmt die Gestalt des Malers Hochsteiner an und erscheint in den Träumen des Ich-Erzählers, der, als Maler, zusehends stärker in die Abhängigkeit von der Malerei Hochsteiners zu geraten vermeint; in der ununterbrochenen Bemühung, das von den Öffentlichkeitsmächten eingeredete Weltbild aufzulösen, glaubt er erst recht dem Bann des Vorbildes zu erliegen; das führt so weit, daß er sich mehr und mehr mit Hochsteiner verwechselt: auf Fotografien, in Selbstgesprächen; bei genauerem Hinsehen verflüchtigt sich Hochsteiner, bleibt aber doch als spürbare Gegenwart anwesend, steht in der Küche, in der der Ich-Erzähler Abend für Abend sitzt, schwebt vor der Kredenz, spricht, verwebt sein Sprechen mit dem des Ich-Erzählers; es ist aber nicht der Alltagsmensch Hochsteiner, sondern der aus seinen Gemälden steigende, deren Rahmen als ein geniales Gespenst verlassende, der vor dem

Ich-Erzähler, in Wachträumen, auftritt; dem Künstler bleibt kein anderer Ausweg als der geradeaus nach vorn: immer neue Ölbilder entstehen, Riesenwerke, die schließlich ihren Schöpfer um viele Male übersteigen; eines Nachts, gegen elf Uhr, während er in der Küche steht, bricht ein Gelächter aus ihm hervor, in dem sich sämtliche Gelächter seines Lebens zu einem einzigen umfassenden versammeln, das, die Kulissenwelt einebnend, sich in seinen Ölgemälden, die er auf einmal jedes als ein einziges ungeheures Gelächter entziffert, wiedererkennt und, ihn wie einen prallen Ball über die Provinz, über Böhmen und Deutschland hinaustragend, die Verwechslung mit Hochsteiner freilegt. (Klappentext)

(72) WIESPOINTNER, CURT: *Gedanken auf der Fahrt nach Ohlsdorf.* In: *Die Presse* (Leserbrief), 22./23.9.1984.

Westautobahn, Ausfahrt Steyrermühl, Auto mit vier Insassen: der Fahrer, eine ältere Dame, zwei Fünfzehnjährige. Ziel: die durch und durch harmonische Kaiser- und Lehár-Stadt Bad Ischl.
Drei Kilometer vor Ohlsdorf. Die erste Fünfzehnjährige fragt: „Lebt da nicht irgendwo der Thomas Bernhard?"
Der Fahrer: „Ich glaub', da rechts hinunter Richtung Aurachkirchen."
Sie passieren die Ohlsdorfer Vororte Ruhsam und Peiskam.
Die zweite Fünfzehnjährige: „Ruhsam und Peiskam – ärger kann's nicht sein. Das eine klingt nach Ausschlafen und Ausrasten, das andere nach Beißen und Schnappen. Da muß ja einer ein Zerrissener werden."
Die erste Fünfzehnjährige: „Vielleicht wird der Thomas Bernhard eh einmal so eine Art Nestroy von Ohlsdorf."
Die ältere Dame (sehr erschrocken): „Um Himmels willen! Versündig dich nicht am Nestroy!"
Das Auto entschwindet sehr schnell in Richtung des stets heilen Salzkammergutes.

◀ (73) WOISETSCHLÄGER, KARL: *Einkehr in einem Pinzgauer Dorfgasthof.* In: *Die Zeit,* 31.8.1979.

Karl Woisetschläger schickte die Erzählung unter Bernhards Namen an *Die Zeit,* die die Fälschung und die daraus entstandene Korrespondenz als *Der doppelte Herr Bernhard* veröffentlichte.

Thomas Bernhard
4694 Ohlsdorf
Oberösterreich

Ohlsdorf

Werte Herren,

meiner Person und genauer gesagt meinem empfindlichen Kopf ist es diesmal unmöglich, Ihnen nicht zuletzt in Ergänzung Ihrer Reiseberichte mein Reiseerlebnis vorzuenthalten, ja ich fühle ganz einfach die Pflicht, den folgenden Sachverhalt mitzuteilen. Diese Naturgeschichte, werte Herren, kann ich Ihnen nicht ersparen! In aller Höflichkeit und Bescheidenheit und naturgemäß auch Betroffenheit möchte ich Sie bitten und hoffe ich, daß es möglich ist, in Ihrer Zeitung (in welcher sonst?) den Tatbestand, um den es hier geht und der nicht ohne eine gewisse Pikanterie ist, zu veröffentlichen: diese mit dem höchstmöglichen Fanatismus zu Wahrheit und Klarheit wie auch mit aller nur zu Gebote stehenden Vorsicht und Rücksicht festzuhaltenden und festgehaltenen Ereignisse und Geschehnisse rund um meine Einkehr in einem Pinzgauer Dorfgasthof. (Es folgte die Fälschung.)

Die Zeit kommentierte:

Ein Manuskript erreichte uns – aber dann hatte es der Autor, bei dem wir uns bedankten, nicht geschrieben. Entsetzt und geehrt darüber, daß er bereits einen Imitator gefunden hat, schrieb er es zu Ende.

Was Petra Kipphoff von der *Zeit* ein zu Ende geschriebenes Manuskript nennt, war Bernhards schriftlicher Kommentar zu dem Vorfall; alles zusammen erschienen in der *Zeit* vom 31.8.1979:

Du liebe ZEIT, naturgemäß handelt es sich hier um die Parodie eines sogenannten falschen Herrn Bernhard des sogenannten richtigen Herrn Bernhard, die der sogenannte falsche Herr Bernhard an die sogenannte richtige ZEIT geschickt hat, was in diesem sogenannten langweiligen verregneten Sommer ganz und gar naturgemäß ist. Was ich in dieser Parodie vermisse, ist ein gut abgebratenes Pinzgauer Schnitzl, naturgemäß von einer ausgezeichneten Pinzgauer Sau, nicht zu wenig, aber auch nicht zu stark ausgeklopft und naturgemäß nicht so dick paniert wie im Pongau oder im Lungau, wo die Schnitzl naturgemäß immer viel zu dick paniert werden, worauf allen (vornehmlich den deutschen!) Gästen dort recht bald der Appetit auf die Schnitzl vergeht und naturgemäß der Urlaub verpatzt ist. Es soll aber naturgemäß immer nur soviel wütend aus dem Pinzgau und aus dem Lungau und aus dem Pongau und aus ganz Österreich abgereiste enttäuschte und vergrauste Deutsche gegeben haben, wie eingereist sind, denke ich. Die Deutschen kommen, wie es heißt, naturgemäß immer wegen der guten österreichischen Kost nach Österreich und sind bis jetzt immer nur mit verdorbenem Magen abgereist. Wie sie immer nur wegen der österreichischen Kultur hergekommen sind und mit verdorbenem Kopf ausgereist sind. Die Deutschen kommen immer mit den größten Hoffnungen nach Österreich und reisen mit den größten Enttäuschungen aus. Seit Jahrhunderten, wie ich denke, es wird sich nicht ändern. Die Deutschen haben an Österreich einen Narren gefressen, im wahrsten Sinne des Wortes. Mich wundert, daß sie nicht schon längst daran erstickt sind. Falls die ZEIT sich zum Abdruck dieser Pinzgauer Parodie entschließen sollte, gebührt, da die Anonymität des Parodisten gegeben ist, dem falschen Herrn Bernhard also überhaupt kein, dem richtigen, also mir, die vollen hundert Prozent Honorar. Weil schon beim oberflächlichen Anschauen des parodistischen Inhalts neunzig Prozent seiner Sätze als meine eigenen durchaus erkennbar sind. Ich bin kein (hochsommerlicher) Spielverderber und Spaßignorant und werfe die dann anstehende horrende Summe für ein sogenanntes opulentes Frühstück für alle Feuilletonisten der ZEIT aus.

Sollte der sogenannte falsche Herr Bernhard in einem Anfall von Größen- oder auch Niedrigkeitswahn, möglicherweise weil der die Anonymität nicht mehr ertragen kann von einem Augenblick auf den andern, eben diese Anonymität also naturgemäß auf dem Höhepunkt seiner Sommererkrankung aufgeben, ist er naturgemäß zum Tode verurteilt.
Es grüßt der sogenannte richtige
Herr Bernhard

Vgl. auch Karl Woisetschläger, *Ausgeklopft, paniert und gebraten*. In: *Die Zeit,* 26.10.1979.

(74) ZEHENTMAYER, DIETER : *Alte Meister* (Karikatur). In: *Neue Vorarlberger Tageszeitung,* 28.9.1985.

(75) ZYKAN, OTTO M.: *Alte Meister.* Typoskript. Vom ORF 2 ausgestrahlt am 8.10.1985. Otto M. Zykans Beitrag zu einer durch Bernhards *Alte Meister* ausgelösten Diskussion, zu der Unterrichtsminister Herbert Moritz anmerkte, daß der Dichter zunehmend zu einem Thema der Wissenschaft werde, wobei er nicht allein die Literaturwissenschaft meine. Vgl. Thomas Bernhard, *Vranitzky, Eine Erwiderung.* In: *Die Presse,* 13.9.1985.

Die Autoren

Amann, Jürg
1947 in Winterthur geboren, Studium der Germanistik, Europäischen Volksliteratur und Publizistik in Zürich und Berlin. 1974–1976 Dramaturg am Schauspielhaus Zürich. Lebt als freier Schriftsteller in Uetikon bei Zürich. 1982 Preisträger des Ingeborg-Bachmann-Preises in Klagenfurt.
Wichtige Werke: *Hardenberg. Romantische Erzählung aus dem Nachlaß des Novalis* (1978), *Verirren oder Das plötzliche Schweigen des Robert Walser* (1978), *Die Kunst des wirkungsvollen Abgangs* (1979), *Die Baumschule. Berichte aus dem Reduit* (1982), *Franz Kafka* (1983), *Nachgerufen. Elf Monologe und eine Novelle* (1983), *Ach, diese Wege sind sehr dunkel* (1985, drei Stücke, u. a. *Die Korrektur*), *Patagonien* (1985), *Forst* (1987), *Nach dem Fest* (1987, drei Stücke), *Tod Weidigs* (1989), *Rücktritt. Farce* (1989).

Amanshauser, Gerhard
1928 in Salzburg geboren, Studium der Germanistik und Anglistik, lebt seit 1953 als freier Schriftsteller in Salzburg. Erste Veröffentlichungen in den 50er Jahren in dem von Hans Weigel herausgegebenen Jahrbuch *Stimmen der Gegenwart*, in dem auch Bernhard debütierte.
Wichtige Werke: *Ärgernisse eines Zauberers* (1973), *Schloß mit späten Gästen* (1975), *Aufzeichnungen einer Sonde* (1979), *List der Illusionen* (1985), *Fahrt zur verbotenen Stadt* (1987).

Ani, Friedrich
1959 in Kochel geboren, lebt als freier Schriftsteller und Journalist in München. Schreibt Gedichte, Theaterstücke, Hörspiele und Erzählungen.
Stücke: *Der Mann, der Olsdorfer erschoß* (1987), *Freizeichen Berlin* (1989), *Generale Proben* (1989), *Alte Liebe* (1989), *Cancan der Feiglinge* (1990).

Bartsch, Kurt
1937 in Berlin geboren, 1964/65 Studium am Johannes R. Becher

Literaturinstitut in Leipzig. Seit 1980 in West-Berlin. 1979 Ausschluß aus dem Schriftstellerverband der DDR; Wiederaufnahme 1989. Wichtige Werke: *Zugluft* (1968), *Die Lachmaschine* (1971), *Kalte Küche* (1974), *Kaderakte* (1979), *Wadzeck* (1980), *Die Hölderlinie. Deutschdeutsche Parodien* (1983), *Weihnacht ist und Wotan reitet. Märchenhafte Gedichte* (1985).

BERGER, JOE
1939 in Kaltenleutgeben/Niederösterreich geboren und dort wohnhaft. Studium der Chemie, seit 1963 freier Schriftsteller.
Wichtige Werke: *Märchen für Konsumkinder* (1977), *Ironische Zettel* (1980), *Plädoyer für den Alkohol* (1984), *Literarische Kraftnahrung* (1986), *Märchen für die Satten und Irren* (1990).

BERLINGER, JOSEPH
1952 in Lam/Bayerischer Wald geboren, Studium der Germanistik und Volkskunde in Regensburg, Rundfunkarbeit und Theaterprojekte. Lebt in Regensburg und im Bayerischen Wald.
Wichtige Werke: *Wohnzimma-Gflimma* (1976), *Emerenz. Aus dem Leben der bayerischen Dichterin, Wirtin und Emigrantin* (1980, Szenen, Briefe und Gedichte; auch als Stück), *Das zeitgenössische deutsche Dialektgedicht* (1983), *F.C. Delius gegen H.C. Artmann. Verbal(l)hornungen* (1984), *Grenz-Gänge. Streifzüge durch den Bayerischen Wald* (1985).

BERNHARD, THOMAS
1931 in Heerlen/Holland geboren. 1989 in Gmunden/Oberösterreich gestorben. Kaufmännische Lehre, Studium der Musik und Dramaturgie in Salzburg und Wien, Julius-Campe-Preisträger (1964), Georg-Büchner-Preisträger (1970) usw.
Wichtige Werke: *Auf der Erde und in der Hölle* (1957, Gedichte), *Frost* (1963), *Verstörung* (1967), *Das Kalkwerk* (1970), *Gehen,* (1971), *Die Macht der Gewohnheit* (1974 Komödie), *Korrektur* (1975), *Minetti. Ein Porträt des Künstlers als alter Mann* (1977, Stück), *Ein Kind* (1982, Autobiographie), *Holzfällen* (1984, Roman), *Auslöschung* (1986), *Heldenplatz* (1988, Stück), *In der Höhe. Rettungsversuch, Unsinn* (1989, Gedichte).

BIELER, MANFRED
1934 in Zerbst/Anhalt geboren, Studium der Germanistik und Philosophie in Berlin/DDR. Bis 1957 Mitarbeiter beim DDR-Schriftstellerverband, lebt seit 1968 in München. Schreibt Prosa, Hör- und Fernsehspiele.
Wichtige Werke: *Der Schuß auf die Kanzel oder Eigentum ist Dieb-*

stahl (1958, z. T. überarbeitet in: *Walhalla. Literarische Parodien*, 1988), *Maria Morzeck oder das Kaninchen bin ich* (1969), *Der Mädchenkrieg* (1975), *Der Kanal* (1978), *Ewig und drei Tage* (1980), *Der Bär* (1983), *Still wie die Nacht. Memoiren eines Kindes* (1989).

BRANDSTETTER, ALOIS
1938 in Aichmühl in Pichl/Oberösterreich geboren, Studium der Germanistik und Geschichte in Wien, lehrt seit 1974 als Professor für Deutsche Philologie an der Universität Klagenfurt. Verfasser von Erzählungen und Romanen.
Wichtige Werke: *Überwindung der Blitzangst* (1971), *Zu Lasten der Briefträger* (1974), *Die Abtei* (1977), *Die Mühle* (1981), *Über den grünen Klee der Kindheit* (1982), *Altenehrung* (1983), *Die Burg* (1986), *Kleine Menschenkunde* (1987), *So wahr ich Feuerbach heiße* (1988), *Stadt, Land, Fluß. Ein poetisches Wörterbuch* (1989).

DEIX, MANFRED
1949 in St. Pölten/Niederösterreich geboren, lebt als Zeichner in Klosterneuburg. Arbeitet u. a. für den *Spiegel, Titanic, Playboy, Stern*.
Wichtige Werke: *Cartoons* (1980), *Cartoons de Luxe* (1983), *Satiren aus Wien* (1985), *Mein Tagebuch* (1986), *Augenschmaus. Das neue Tagebuch* (1989).

DITTMAR, JENS
1950 in Saarbrücken geboren, Studium der Germanistik, Literaturkritik und Psychologie in Zürich. Lebt in München und Liechtenstein. Beiträge in Zeitungen, Zeitschriften und Anthologien.
Wichtige Werke: *Thomas Bernhard Werkgeschichte* (1981, ^{2}1990).

DÜRR, MORITZ
1957 in Heilbronn geboren, Studium an der Hochschule der Künste (Max-Reinhardt-Schule) in Berlin. Engagements in Graz, Salzburg, Castrop-Rauxel. Zur Zeit Schauspieler am Theater am Neumarkt in Zürich.
Wichtige Werke: *Der Aufhörer. Ein Hörstück von Bernhard Thomas* (1987).

FUX, VITUS (Pseud.)

HAGESTEDT, LUTZ
1960 in Goslar geboren, studierte Germanistik in Bielefeld und

München, lebt in München. Publikationen in Zeitungen, Zeitschriften und Anthologien.
Wichtige Werke: *Paul Wühr. Materialien zu seinem Werk* (1987), *Das Genieproblem bei E.T.A. Hoffmann* (1989).

HOCHE, KARL
1936 in Schreckenstein/Elbe, CSFR, geboren. Satiriker, Parodist, Kabarettist, Jurist, Mitbegründer des Studentenkabaretts „Die Stichlinge".
Wichtige Werke: *Schreibmaschinentypen und andere. Parodien* (1971), *Das Hoche Lied* (1976), *Ein Strauß Satiren* (1983), *Die Lage war noch nie so ernst* (1984).

HÜSCH, HANNS DIETER
1925 in Moers geboren, studierte Literatur- und Theaterwissenschaft in Mainz. 1947 wurde er Kabarettist, 1949 erstes Soloprogramm, 1972 und 1982 Verleihung des Deutschen Kleinkunstpreises. Lebt in Köln.
Wichtige Kabarettprogramme: *Quartett '68* (1968, zusammen mit Franz Josef Degenhardt, Dieter Süverkrüp und Wolfgang Neuss), *Und sie bewegt mich doch* (1984). Buchveröffentlichungen: *Frieda auf Erden* (1959), *Carmina urana* (1964), *Hagenbuch hat jetzt zugegeben & andere Rede- und Schreibweisen* (1979), *Das schwarze Schaf vom Niederrhein* (1986), *Du kommst auch drin vor. Gedankengänge eines fahrenden Poeten* (1990).

KOCH, MANFRED
1950 in Graz geboren, studierte Grafik-Design, war Werbetexter, Dramaturg und Regieassistent. Lebt als freier Schriftsteller in Salzburg und schreibt für Zeitschriften, das Fernsehen, Theater und Kabarett.
Wichtige Werke: *Federlesen* (1986, Satiren), *Böse Buben AG* (1988, Satiren), *Leseverbot* (1989, dito).

LAEDERACH, JÜRG
1945 geboren, lebt in Bottmingen bei Basel.
Wichtige Werke: *Einfall der Dämmerung* (1974), *Fahles Ende kleiner Begierden. Vier minimale Stücke* (1981), *Laederachs 69 Arten, den Blues zu spielen* (1984), *Flugelmeyers Wahn. Ein Leben in sieben Tagen* (1986), *Der zweite Sinn oder unsentimentale Reise durch ein Feld Literatur* (1988), *Vor Schrecken starr. Fixierungen, Stechblicke, Obsessionen* (1989), *Emanuel* (1990).

LAMPERSBERG, GERHARD
In Hermagor/Kärnten geboren. Musikalische Studien an der Hochschule für Musik und Darstellende Kunst, Wien. Lebt in Wien und Maria Saal/Kärnten. In den fünfziger Jahren mit Thomas Bernhard befreundet, dessen frühe Werke er vertont hat.
Wichtige Kompositionen und Bühnenwerke: *Köpfe* und *Die Rosen der Einöde* (1958, beide nach Texten von Thomas Bernhard), *Der Knabe mit dem Brokat* (1963, nach einem Text von H. C. Artmann), *Ladies' Voices* (1968, nach Gertrude Stein), *Dornröschen* (1978, nach Robert Walser) sowie Lieder nach Shakespeare, Goethe, Mörike, Shelley, Lorca, Brecht u. a. Buchveröffentlichung: *Perturbation* (1987, Sprachkomposition, die sich auf Thomas Bernhard bezieht).

LEDERER, HERBERT
1926 in Wien geboren, Studium der Philosophie an der Universität Wien, seit 1960 „Ein-Mann-Theater" (Theater am Schwedenplatz in Wien und Theater im Pongau in Flachgau/Salzburg).
Wichtige Veröffentlichungen: *Theater für einen Schauspieler* (1973), *Kindheit in Favoriten* (1975), *Im Alleingang* (1985), *Bevor alles verweht. Wiener Kellertheater 1945-1960* (1986).

LEISSING, EDGAR
1960 in Bregenz geboren. Studium am Lehrinstitut für grafische Gestaltung in München. Lebt seit 1984 als freischaffender Künstler in Bregenz.
Ausstellungen in Österreich, Deutschland, der Schweiz und in Liechtenstein.

LENHARDT, DIETER
1937 in Salzburg geboren, lebt in Wien. Studium der Staatswissenschaften, seit 1961 Redakteur, zuletzt leitender Redakteur der *Presse*. Seit 1979 regelmäßige Feuilletonkolummne in der Wochenendbeilage *Spectrum*.
Buchpublikation: *Midlife-Crisis der Republik* (1986).

LOREDANO
Bio-/bibliographische Angaben konnten nicht ermittelt werden.

MÜRY, ANDRES
Bio-/bibliographische Angaben konnten nicht ermittelt werden.

POSER, MICHAEL VON
1941 in Wiesbaden geboren, studierte Germanistik, lebt nach mehr-

jährigen Auslandsaufenthalten als freier Schriftsteller und Lehrbeauftragter der Universität Mainz wieder in Wiesbaden.
Wichtige Werke: *Die Verschönerung von Wiesbaden* (1981), *Quintus* (1982), *Die Gefangennahme eines Postboten und andere Erzählungen* (1983), *Die fortgeführte Verschönerung von Wiesbaden* (1984), *Emilys Fibel* (1986, Gedichte, Prosa und Bilder von Emily von Poser), *Ein Winter in Edingburg* (1987).

RÜDENAUER, MEINHARD
1941 in Wien geboren. Kompositionsstudium in Wien und Salzburg. Lebt in Wien. Komponist, Kunstmanager (u. a. Wiener Mozart Company), Journalist.
Wichtige Bühnenwerke: *Salome im Elend* (1980 Ballett), *Zauberbär und Wünschelstimme* (1983 Kinderoper), *The dansant* (1984, Tanztheater), *Messer* (1985, Kammeroper), *Arlecchino und Felicetta* (1987, Burleske), *Bussi für die Bären* (1990, Oper für Kinder und Erwachsene).

SCHACHERREITER, CHRISTIAN
1954 in Linz geboren. Lebt in Gallneukirchen. Studium der Germanistik und Geschichte in Salzburg. Arbeitet für den Rundfunk, schreibt Hörspiele, Funkerzählungen, Glossen und Kabarett. Veröffentlichungen in Zeitungen, Zeitschriften und Anthologien.
Wichtige Werke: *Vermischte Kleinkunsthandlung.* (Langspielplatte), *Schlachthaus mit Buffet* (Langspielplatte und Buch), *Erdenwurm* (Langspielplatte).

SCHMICKL, GERALD
1961 in Wien geboren, Studium der Soziologie und Philosophie. Redakteur bei der *Wiener Zeitung*, freier Mitarbeiter bei der *Weltwoche*, der *Zeit* und dem *Merkur*.

SCHÖNBORN, FRITZ (= Herbert Heckmann)
1930 in Frankfurt geboren, Studium der Philosophie und Germanistik, seit 1981 Professor für Sprach- und Literaturwissenschaft an der Hochschule für Gestaltung in Offenbach. Lebt als Erzähler, Kinderbuchautor und Essayist in Bad Vilbel/Hessen.
Wichtige Werke: *Das Portrait* (1958), *Benjamin und seine Väter* (1962), *Schwarze Geschichten* (1964), *Der große Knock-out in sieben Runden* (1972), *Knolle auf der Litfaßsäule* (1979, Kinderbuch), *Ein Bauer wechselt die Kleidung und verliert sein Leben* (1980), *Das Feuer ist ein Akrobat. Dreizehn Gedichte* (1987), *Kasperls Aufstand* (1989, Kinderbuch).

SEMBDNER, WOLFGANG
1947 in Büsum/Holstein geboren, Besuch der Münchner Schauspielschule, seit 1969 Schauspieler und Kabarettist.
Wichtige Kabarettprogramme: *Grimmskrams. Parodistische Hänseleien* (1977), *Grimmskrams und Schneewitziges* (1986, Langspielplatte), *Kein Hänsel ohne Gretel* (1988).

STROUHAL, ERNST
1957 in Wien geboren, lebt in Wien. Studium der Germanistik, Lehrtätigkeit an den Universitäten Wien und Klagenfurt. Diverse wissenschaftliche und journalistische Publikationen.

SOKOL, ERICH
1933 in Wien geboren, Grafiker und Karikaturist, seit 1987 Professor an der Hochschule für Angewandte Kunst in Wien. Arbeitet außer für den ORF für verschiedene österreichische und internationale Zeitungen und Zeitschriften, u. a. *Neue Kronen Zeitung, AZ, Süddeutsche Zeitung, Stern, Playboy, New York Times*.
Wichtige Werke: *Kopfsalat* (1987), *Video* (1990).

STADLER, MARCUS, UND LIES KATÓ
Markus Stadler: 1963 in Innsbruck geboren, Studium der Publizistik, Philosophie und Politikwissenschaft. Freier Journalist bei der *Wiener Zeitung*, bei *profil* und beim ORF.
Lies Kató: 1960 in Niederösterreich geboren, Studium der Germanistik an der Universität Wien. Journalistisch tätig als freie Mitarbeiterin der *Wiener Zeitung* (Lesezirkel) und der *AZ*.

STADLER, MICHAEL
1960 in Suben/Oberösterreich geboren. Studium der Germanistik und Publizistik an der Universität Salzburg. Seit 1982 freier Journalist, seit 1985 Redakteur bei den *Salzburger Nachrichten*.
Publikation: *Theatermachen und Fliegenfangen. Eine Erregung*. In: *Salzburger Nachrichten*, 17.8.1985.

VORBACH, HERBERT
1950 in Stockerau/Niederösterreich geboren, lebt seit 1969 in Linz. Studium der Volkswirtschaftslehre; von 1975–1979 Universitätsassistent, danach Bankangestellter. Schreibt Lyrik und satirische Prosa. Veröffentlichungen in Zeitungen, Zeitschriften und Anthologien.
Wichtige Werke: *Augen auf Linz* (1990, literarischer Stadtführer, zusammen mit Walter Pilar).

WEBER, BERND
1956 in Frankfurt geboren, Studium der Germanistik und Theaterwissenschaft (abgebrochen). Lebt in Frankfurt. Freie Theatermitarbeit und Gesang (Brecht/Weill, Brel).

WEIGEL, HANS
1908 in Wien geboren, emigrierte 1938 in die Schweiz und kehrte 1945 nach Wien zurück, wo er als Kabarettist, Schriftsteller, Theaterkritiker, Essayist, Übersetzer und Förderer literarischer Talente tätig wurde. In den fünfziger Jahren Herausgeber der *Stimmen der Gegenwart,* in denen auch Gerhard Amanshauser und Thomas Bernhard vertreten waren (1954 und 1956). Lebt in Maria Enzersdorf/Niederösterreich.
Wichtige Werke: *O du mein Österreich* (1956), *Lern dieses Volk der Hirten kennen* (1962), *Die Leiden der jungen Wörter. Ein Antiwörterbuch* (1974), *Flucht vor der Größe* (1978), *ad absurdum* (1981), *Das Schwarze sind die Buchstaben* (1983), *Die tausend Todsünden* (1988), *Das Abendbuch. Egozentrische Erinnerungen und Berichte* (1989), *Das Scheuklappensyndrom* (1990).

WEINBERG, SAMUEL
In Raistau geboren, Publizist, Verfasser von Romanen der Medienwelt.
Wichtige Werke: *Thomas Bernhard im Traum erschienen* (1980).

WOISETSCHLÄGER, KARL
1954 in Kirchdorf an der Krems/Oberösterreich geboren. Lebt in Wien. Studium der Gemanistik; seit 1984 Redaktionsmitglied der *Presse.*